浙江省新型重点专业智库杭州国际城市学研究中心
（浙江省城市治理研究中心）资助出版

"城市学文库·青年论丛"编辑委员会

顾　　问	王国平　庞学铨
主　　编	江山舞　刘慧梅
副 主 编	孙　颖　杜红心　杨灵江
执行副主编	接栋正
编　　委	蓝蔚青　马力宏　刘士林　王剑文
	蔡　峻　毛燕武　李明超　方志明

城市学文库·青年论丛

数智时代的未来社区治理之路

THE ROAD TO FUTURE
COMMUNITY GOVERNANCE IN THE AGE OF
DIGITAL INTELLIGENCE

邹 静 ◎ 著

·杭州·

图书在版编目（CIP）数据

数智时代的未来社区治理之路 / 邹静著. -- 杭州：浙江大学出版社，2024.11. --（城市学文库 / 江山舞，刘慧梅主编）. -- ISBN 978-7-308-25600-1

Ⅰ．D669.3-39

中国国家版本馆 CIP 数据核字第 2024UW5724 号

数智时代的未来社区治理之路
邹　静　著

策划编辑	吴伟伟
责任编辑	陈逸行
文字编辑	韩盼颖
责任校对	梅　雪
封面设计	雷建军
出版发行	浙江大学出版社
	（杭州市天目山路148号　邮政编码310007）
	（网址：http://www.zjupress.com）
排　　版	杭州林智广告有限公司
印　　刷	浙江新华数码印务有限公司
开　　本	710mm×1000mm　1/16
印　　张	14.25
字　　数	174千
版 印 次	2024年11月第1版　2024年11月第1次印刷
书　　号	ISBN 978-7-308-25600-1
定　　价	68.00元

版权所有　侵权必究　　印装差错　负责调换

浙江大学出版社市场运营中心联系方式：0571-88925591；http://zjdxcbs.tmall.com

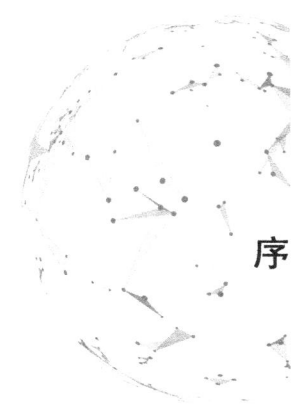

序

在数智时代,人工智能、云计算、大数据、物联网等新兴技术的广泛应用已成为深度挖掘与高效利用治理信息的关键手段,引领着城市社区治理模式的革新。作为实现人民美好生活的重要抓手,未来社区通过数字化、智能化技术的应用,注重居民的多元化需求,实现社区治理的信息化、精细化,提高治理水平和治理效率。浙江省被赋予高质量发展建设共同富裕示范区的光荣使命,在未来社区治理方面,积极探索创新,注重社会公平与包容,倡导共享精神,推动科技与社区的融合发展,为其他地区提供了有益的借鉴和示范经验。

《数智时代的未来社区治理之路》正是介绍相关研究的一本专著。该书作者邹静是浙江省"八八战略"研究院研究员、浙江省城市治理研究中心客座研究员、浙江财经大学金融学院副教授。她多年来一直致力于城市与房地产经济领域的研究;在英国伦敦大学学院访学期间,积极参与城市治理相关研究;在浙江大学和杭州国际城市学研究中心从事博士后工作期间,主要研究智慧城市和未来社区,参观走访了浙江省各类未来社区,积累了大量素材与经验。该书是在其研究成果的基础上补充完善而形成的,具有重要的学术和应用价值。

该书站在新的历史起点,聚焦书写数智时代未来社区治理的浙江样本,以多案例呈现的形式,深入浅出、形象生动地展示了浙江省未来社区治理改革与实践，深入探讨了未来社区在数智时代的治理路径和发展趋势，为未来社区建设和可持续发展提供了理论依据。该书通过对国际经验和浙江省典型案例的分析和总结，揭示了未来社区建设所面临的挑战和机遇，以及数字化治理方面的新思路和新方法。该书归纳了未来社区治理智慧，旨在传播未来社区治理经验，为经济社会高质量发展和治理能力现代化提供智力支持。

未来社区建设是中国式现代化建设的重要组成部分，未来社区治理需要政府、社区、居民以及相关领域专家与学者们的共同努力。希望该书能够为读者提供启示和指导，引发对未来社区治理的重视和关注。同时，也希望政府、社区、居民以及相关领域专家与学者们能够深入研读该书，共同探讨数字时代的未来社区治理的新模式，为中国式现代化建设贡献力量。让我们一同踏上数智时代的未来社区治理之路，开启数字化、智能化、可持续发展的全新篇章，也祝愿未来社区焕发出更加璀璨的光芒！

吴缚龙

伦敦大学学院巴特利特规划学院教授

英国皇家社会科学院院士

2024 年 10 月于英国伦敦

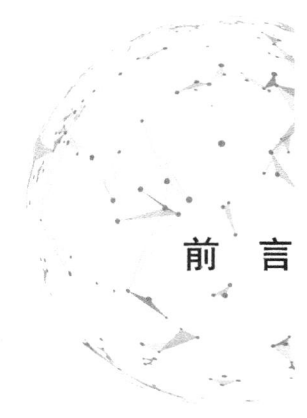

前 言

　　未来社区是浙江省建设共同富裕示范区的**基本单元，对改善**居民生活条件、提升城市品质、恢复城市活力、改善民生、促进社会和谐等方面都具有重要意义。第一，本书以未来社区为研究对象，梳理未来社区治理的核心理论，为研究未来社区建设和可持续发展提供理论依据。第二，本书剖析新加坡、日本、荷兰、加拿大社区治理的经验，总结未来社区治理的国际启示。第三，本书采用访谈调研法、案例分析法、问卷调查法、CIM（城市信息模型）技术、统计分析法等多种方法，论述浙江省未来社区建设情况，总结浙江省未来社区治理的典型经验。第四，本书重点以翡翠社区为研究案例，从五个方面深入探讨整合提升类未来社区治理的模式。第五，本书立足社会治理共同体的概念，从六个方面论述未来社区治理路径。

　　本书的篇章结构如下：第一章是绪论，内容涉及研究背景与意义、研究思路与方法、研究创新、概念界定、未来社区和CIM政策分析；第二章对相关文献进行归纳，包括CIM相关研究、社区治理相关研究、数字治理相关研究、未来社区治理相关研究；第三章阐述了未来社区治理的理论基础，包括协同治理理论、新公共服务理论、基层民主理论、第三部门理论、公众参与理论、多中心治理理论、网格化治理理论、数字治理理论和社会包容理论；第四章重点介绍未来社区治理的国际经验，包括新加坡的多元参与治理、日本的混合型社区治理、荷兰专为年轻人营造的自治社区、加拿大的集成式未来社区治理以及从国际社区治理中获取的经验启示；第五章描述浙江省未来社区建设情况，并深入剖析杭州萧山瓜沥镇七彩未来社区、杭州上城杨柳郡未来社区、杭州滨江冠山未来社区、杭州城西科创大走廊全域未来社区、绍兴上虞鸿雁未来社区、金华山嘴头未来社区、衢州高铁新城鹿鸣未来社区、温州雅林未来社区、嘉兴双溪湖超级未来社区九大典型未来社区的治理经验；第六章以翡翠社区为例研究整合提升类未来社区治理，重点从基本情况、场景需求分析、场景体系设计、资金平衡设计、治理模式总结等方面进行案例分析；第七章从技术、空间、制度、伦理、监管和应用等方面提出未来社区治理挑战；第八章提出未来社区治理路径，包括"五社联动"促进未来社区治理多元化，"平台+管家"推动未来社区服务现代化，场景因需落地实现未来社区功能精准化，数字积分兑换推动未来社区参与常态化，依托 CIM 平台实现未来社区数字化治理，以及数字弱势保护实现未来社区全域均衡化；第九章为总结与展望，归纳研究结论，提出相应的政策建议，并简要介绍未来研究方向。

本书为浙江省"八八战略"研究院研究成果。在此，我要特别感谢博士后导师全国影响力建设智库浙江省城市治理研究中心主任、首席专家王国平，浙江大学土地与国家发展研究院副院长靳相木和杭州国际城市学研究中心研究二处处长、杭州城市更新与文化传承研究院院长李明超的悉心指导，感谢北京大学林肯研究院城市发展与土地政策研究中心刘志教授、上海财经大学公共经济与管理学院王洪卫教授、伦敦大学学院巴特利特规划学院吴缚龙教授提出的宝贵意见，感谢绿城集团提供的实地调研帮助和支持，感谢出版社编辑老师提出的修改意见，感谢浙江财经大学硕士研究生王佰涛和王明玉对本书文字和参考文献的校对与完善。

本书在写作过程中参考了大量的国内外文献资料，在此一并向有关作者表示衷心的感谢。由于时间紧迫，书中难免有不足、疏漏之处，恳请各位专家和读者不吝赐教。

邹 静

2024 年 8 月

目 录

第一章 绪 论
  第一节 研究背景与意义 / 3
  第二节 研究思路与方法 / 7
  第三节 研究创新 / 10
  第四节 概念界定 / 11
  第五节 未来社区和CIM政策分析 / 23

第二章 研究综述
  第一节 CIM相关研究综述 / 37
  第二节 社区治理相关研究 / 43
  第三节 数字治理相关研究 / 48
  第四节 未来社区治理相关研究 / 51

第三章 未来社区治理的理论基础
  第一节 协同治理理论 / 57
  第二节 新公共服务理论 / 58
  第三节 基层民主理论 / 59

第四节　第三部门理论　/ 60

第五节　公众参与理论　/ 61

第六节　多中心治理理论　/ 62

第七节　网络化治理理论　/ 63

第八节　数字治理理论　/ 64

第九节　社会包容理论　/ 65

第四章　未来社区治理的国际经验

第一节　新加坡的多元参与治理　/ 69

第二节　日本的混合型社区治理　/ 75

第三节　荷兰专为年轻人营造的自治社区　/ 76

第四节　加拿大的集成式未来社区治理　/ 79

第五节　未来社区治理的国际经验启示　/ 80

第五章　浙江省未来社区建设情况与治理经验

第一节　浙江省未来社区建设情况　/ 87

第二节　杭州萧山瓜沥镇七彩未来社区治理　/ 93

第三节　杭州上城杨柳郡未来社区治理　/ 96

第四节　杭州滨江冠山未来社区治理　/ 101

第五节　杭州城西科创大走廊全域未来社区治理　/ 103

第六节　绍兴上虞鸿雁未来社区治理　/ 105

第七节　金华山嘴头未来社区治理　/ 108

第八节　衢州高铁新城鹿鸣未来社区治理　/ 110

第九节　温州雅林未来社区治理　/ 113

第十节　嘉兴双溪湖超级未来社区治理　/ 115

第六章　整合提升类未来社区治理——以翡翠社区为例

第一节　基本情况　/ 121

第二节　场景需求分析　/ 127

第三节　场景体系设计　/ 134

第四节　资金平衡设计　/ 162

第五节　治理模式总结　/ 165

第七章　未来社区治理挑战

第一节　技术挑战　/ 171

第二节　空间挑战　/ 172

第三节　制度挑战　/ 173

第四节　伦理挑战　/ 174

第五节　监管挑战　/ 174

第六节　应用挑战　/ 175

第八章　未来社区治理路径

第一节　"五社联动"促进未来社区治理多元化　/ 179

第二节　"平台+管家"模式推动未来社区服务现代化　/ 182

第三节　场景因需落地实现未来社区功能精准化　/ 183

第四节　数字积分机制推动未来社区参与常态化　/ 184

第五节　依托CIM平台实现未来社区数字化治理　/ 184

第六节　服务数字弱势群体实现未来社区全域均衡化　/ 186

第九章　总结与展望

第一节　研究结论　/ 189

第二节　政策建议　/ 191
第三节　未来研究方向　/ 193

参考文献　/ 194

附录　翡翠社区生活服务需求调研问卷　/ 208

Chapter 1

| 第一章 |

绪 论

第一章

緒論

第一节　研究背景与意义

党的十九大提出，新时代社会主要矛盾已转化为人民日益增长的美好生活需要和不平衡不充分的发展之间的矛盾。伴随着城市建设水平和人民生活水平的不断提高，老旧小区改造问题已经成为政府部门解决社会主要矛盾的重要方面之一。

我国对城镇老旧小区改造工作非常重视。特别是2019年以来，中央在多次重要会议上强调需要推进城镇老旧小区改造工作。与此同时，地方也高度重视老旧小区改造。浙江省的未来社区建设，已成为老旧小区改造的最新典范。2019年1月，浙江省政府工作报告首次提出"未来社区"的概念，全省积极稳妥推进未来社区建设。2019年3月20日，浙江省人民政府发布《浙江省未来社区建设试点工作方案》，以人本化、生态化、数字化为核心，明确了浙江省未来社区建设的工作目标和建设要求，描绘了浙江省未来社区建设的九大场景。2019年8月22日，杭州举办了央企名企走进"四大建设"·携手共建未来社区专题活动，描绘了未来社区建设的美好前景，强调未来社区旨在满足人民美好生活追求，注重人文化、生态化和数字化三个层面的价值，以高品质生活为核心，打造具有归属感、舒适感和未来感的新型城市功能单元。2019年11月11日，浙江省人民政府办公厅发布《关于高质量加快推进未来社区试点建设工作的意见》(浙政办发〔2019〕60号),为未来社区贯彻实施"优地优用""精明增长""绿色发展""三生合一"等理念提供了灵活的发展空间,让未来社区的建设发展能够"放开手脚"。从2019年的理念探索,到2020年的落实开工,截至2024年8月,浙江省范围内已经累计开展了未来社区的七轮试点建设申报实施工作,试点项目已达1263个。2020年9月24日,全省未来社区建设工作推进电视电话会议在杭州召开,会议强调注重数字赋能,推动5G(第五代移动通信技术)、大数据、云计算、物联网、人工智能等数字技术与未来社区建设深度融合,加快建设智慧社区服务平台、智慧城市信息数据平台,打造实体建设和数字建设"孪生"社区,提升整体智治水平。2021年2月7日,未来社区试点建设工作座谈会强调要打通"三化九场景"数字化体系,实现社区整体智治和智慧生活,最终指向打造绿色低碳智慧的"有机生命体"、宜居宜业宜游的"生活共同体"、资源高效配置的"社会综合体",形成数字社会城市基本功能单元系统。

2020年3月31日,习近平总书记在浙江考察时指出,从数字化到智能化再到智慧化,让城市更聪明一些、更智慧一些,是推动城市治理体系和治理能力现代化的必由之路。[1] 2020年12月4日,《住房和城乡建设部等部门关于推动物业服务企业加快发展线上线下生活服务的意见》进一步提出CIM(城市信息模型)平台对物业管理的作用。一是明确平台基础功能。广泛运用大数据、云计算、物联网、区块链和人工智能等技术,构建智慧物业管理服务平台,将CIM平台和城市运行管理服务平台打通,并与

---

[1] 统筹推进疫情防控和经济社会发展工作 奋力实现今年经济社会发展目标任务[N].人民日报,2020-04-02(1).

各类电子商务平台连通。二是支持物业服务企业建设平台。以政务服务和公用事业服务数据资源为基础，基于 CIM 平台，与智慧物业管理服务平台共享数据资源。三是保障平台安全运营。促使物联网设备制造企业与 CIM 平台、电子商务平台及公共服务平台等进行交互，优化数据管理。此外，党的二十大报告做出加快建设数字中国的重要部署。新型智慧城市是数字中国的重要内容，是智慧社会的发展基础，成为引领城市发展的新方向。数字化未来社区是智慧城市建设的最小单元。浙江省以数字产业化和产业数字化为主线，持续全面推进数字经济发展，力争成为全国数字经济强省。数字经济是浙江省的强项，浙江省更应该充分依托数字技术来建设未来社区，把握发展新机遇。自 2013 年住房和城乡建设部公布首批 90 个智慧城市试点以来，到 2023 年我国已建成 40 个智慧城市时空大数据平台，智慧城市建设取得了非常显著的成效。并且伴随着"新基建"战略的发力，将建立更多的数字孪生城市。由此可以看到，CIM 平台在数字孪生城市或者智慧城市建设中有着非常广阔的前景。根据《关于支持浙江高质量发展建设共同富裕示范区的意见》，未来社区建设是高质量发展建设共同富裕示范区的引领性项目，被赋予共同富裕现代化基本单元、数字社会城市基本功能单元的新使命。习近平总书记强调，我们始终坚定人民立场，强调消除贫困、改善民生、实现共同富裕是社会主义的本质要求，是我们党坚持全心全意为人民服务根本宗旨的重要体现，是党和政府的重大责任。[①]

浙江省政府制定了一系列相关政策推动未来社区的发展。2023 年 1 月，浙江省人民政府办公厅印发的《关于全域推进未来社区建设的指导意见》提

---

① 习近平. 在全国脱贫攻坚总结表彰大会上的讲话[N]. 人民日报，2021-02-26(2).

出，到 2025 年，全省累计创建未来社区 1500 个左右、覆盖全省 30% 左右的城市社区，健全全域推进未来社区建设工作的体制机制，使未来社区成为城市社区新建、旧改的普遍形态。党的二十大报告明确了中国式现代化的本质要求，其中一个重要方面是实现全体人民共同富裕。

相比于传统社区，未来社区更加强调智慧互联互通，更加关注数字信息技术在社区建设与运营中的作用，探索社区治理的新路径，以未来社区三大价值坐标、九大场景为基础，推进社区治理能力现代化，是未来社区发展的重点研究课题。

基于上述背景，本书以浙江省未来社区为重点研究对象，运用城市学、经济学、地理学、计算机科学、生态学、社会学等多学科思维，在剖析新加坡、日本、荷兰、加拿大社区智慧治理的国际经验基础上，采用访谈调研法、案例分析法、问卷调查法、CIM 技术、统计分析法等多种方法，分析浙江省九大典型未来社区的建设和治理经验，并重点以翡翠社区为典型案例，从五个方面深入探讨未来社区的建设和治理模式。

本书具有重要的理论和实践意义。

从理论意义上来看，引入协同治理理论等，有助于创新社区治理理论。采用多种方法收集数据，并进行统计分析，丰富了未来社区治理研究的方法。

从实践意义上来看，推广未来社区的智慧治理，可为城市老旧小区改造提供决策参考和政策建议，对于提升城市品质、改善城市风貌、恢复城市活力、缓解社会压力、改善民生以及促进社会和谐都具有重要意义和研究价值。具体体现在以下几个方面。

一是改善生态环境，提升居民生活品质。未来社区强调人本化、数字化与生态化,浙江省拥有丰富的自然资源和生态资源,通过未来社区建设实践,有利于打造宜居的现代化城市,促进生态文明建设。

二是增强社区凝聚力,推动文化传承发展,促进社会文化繁荣。浙江省具有丰富的历史文化遗产和地方文化特色,未来社区建设和治理可以通过传承和发扬优秀传统文化,创新社区文化形态,丰富居民的文化生活,提升社区文化软实力,推动文化多样性发展。

三是增进居民的相互信任,促进社会和谐稳定。优化浙江省未来社区建设和治理结构,加强社会组织、居民自治和社区协商,促进社区内部的凝聚力和互助合作。

四是推动产业创新升级,促进经济转型发展。未来社区建设和治理可以引导社区的产业结构升级和技术外溢,促进创新发展和科技进步,促进新质生产力培育,推动经济高质量发展。

五是提升社会管理和服务水平,实现社会治理现代化。通过分析与总结浙江省未来社区建设与治理实践,有助于探索新的社区治理模式,比如基层自治、社会治理共同体等,提升社会管理水平和服务质量,建立起高效、透明、协同的社会治理机制,更好地推进社会治理现代化。

第二节 研究思路与方法

一、访谈调研法

通过实地走访浙江省典型未来社区,深入了解各种类型、各个区域的未来社区建设及治理情况。

二、案例分析法

收集国内外未来社区建设的案例，特别是浙江省未来社区建设与治理经验，进行比较分析。

三、问卷调查法

通过问卷调查，重点调研翡翠社区的建设及治理情况，了解该片区的自然资源信息、社会政务信息和规划配套信息等，并探索该片区居民对未来社区九大场景的需求，形成场景需求清单，进行总结归纳。

四、CIM 技术

以人民对美好生活的追求为核心，依托人本化、生态化、数字化等主要价值理念，利用 CIM 技术建设未来社区的九大场景，包括未来邻里、未来教育、未来健康、未来服务、未来治理、未来创业、未来交通、未来建筑和未来低碳等。涉及未来社区的规划设计、建设和运营等多个环节，推进各部门、单位和居民的协同运作，实现共建共治共享。

五、统计分析法

通过问卷调研，运用统计分析法了解未来社区居民的需求，形成需求清单，为后期的未来社区规划与建设奠定群众基础，也为统计未来社区满意度提供数据。

本书的技术路线如图 1-1 所示。

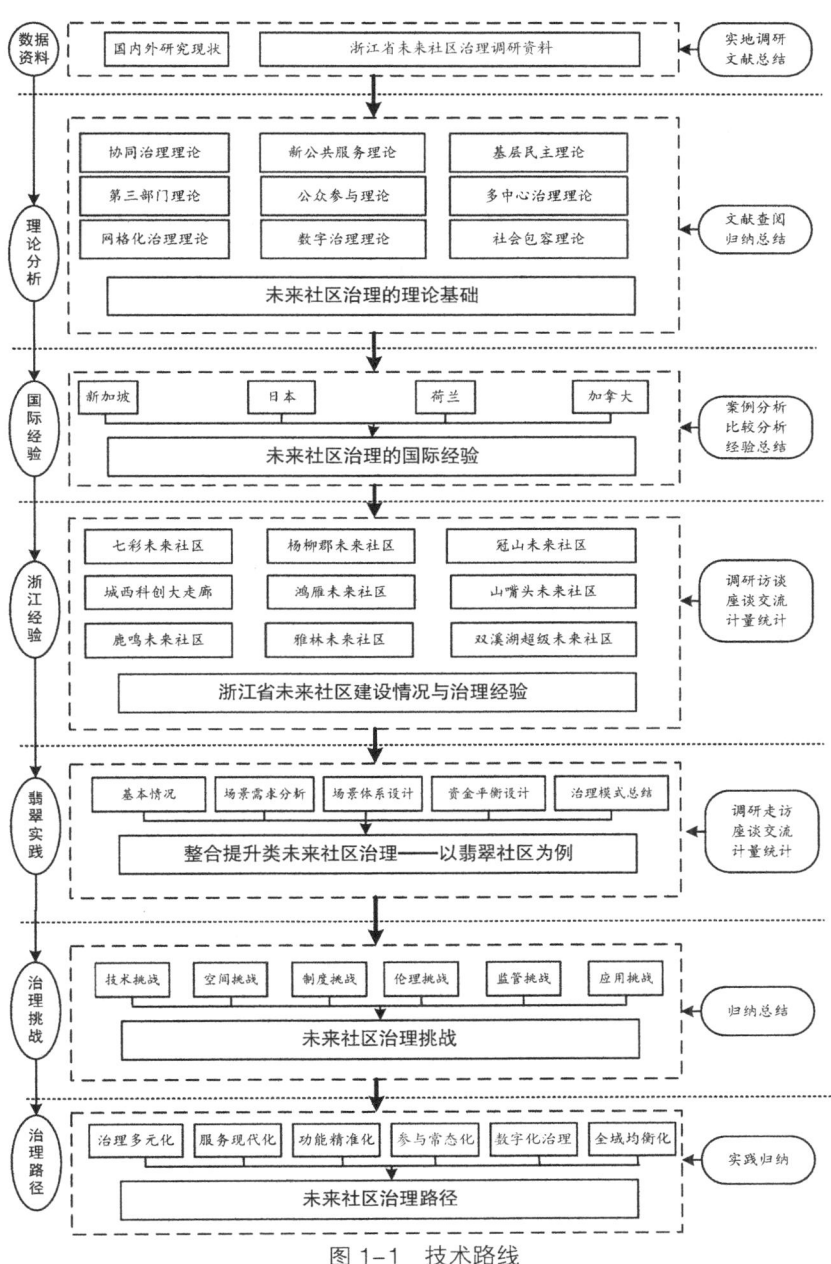

图 1-1 技术路线

第三节 研究创新

一、研究视角新颖

本书对数智时代的未来社区治理进行探讨,拓展了城市未来社区的研究视角。在新型智慧城市背景下,CIM 在未来社区建设与治理中势必大有可为。首先,从整个 CIM 行业来看,当前不管是理论研究还是实践领域,CIM 的发展都遇到了瓶颈,这也给许多城市"弯道超车"提供了良好的机遇;其次,CIM 与未来社区的结合,能够实现对社区全生命周期数据的管理、查询、统计、分析、量算、标注、输出和实时更新等功能,实现对未来社区运行状态的管理、巡检、监测等功能,同时,通过应用服务平台和决策支撑平台对社区数据的可视化模型测算,实现"社区"范围内的"三生融合",从而确保未来社区实现经济效益、社会效益、生态效益的最大化;最后,CIM 与未来社区的结合,能够为"推进物联网进家庭"提供途径和落地载体,形成社区可持续运营模式。

二、理论体系独特

通过文献查阅、演绎和分析,归纳了包括协同治理理论等在内的创新理论,丰富了未来社区治理的相关理论,对中国城市未来社区的数字治理进行了延伸和拓展。

三、跨学科交叉特色

运用城市学、经济学、地理学、计算机科学、生态学、社会学等多学科思维，采用访谈调研法、案例分析法、问卷调查法、CIM 技术、统计分析法等多种方法，分析数智时代的未来社区治理模式与路径，具有显著的跨学科交叉特色。

第四节 概念界定

一、社区的概念与特征

社区最初是由德文"Gemeinschaft"演变而来的。德国社会学家斐迪南·滕尼斯（Ferdinand Tönnies）在 1887 年首次提出"community"（社区）的概念，认为它是亲缘、邻里和朋友关系的整合。"社"是指有关系的群体集合，"区"是指特定的空间，社区则是一群有关系的人在某个特定空间生活和工作的共同体。关于社区的概念，学者们一直没有达成一致意见，至今为止提出了 140 多种概念，比较有代表性的定义如下。

一般认为社区是指在共同感情下结合于某个特定空间的社会组织。由于社区概念的复杂性，一些学者尝试从分类的角度来总结和区分。贝尔（2002）将社区分为三类，即地域性社区、记忆性社区和心理性社区。滕尼斯则认为，社区是以情感为联结纽带的社会共同体，具体而言，就是指那些具有共同社会习俗和价值观，关系紧密和相互扶持的社会团体，着重强调群体之间的人际关系和谐共生。而功能主义代表美国罗伯特·帕克则认为社区是地域和组织上的人群集聚（劳动和社会保障部教材办公室，2001）。我国台湾学者龙冠海教授把在特定地域共同生活的社会团体称为社区（奚从清和沈赓方，2007）。费孝通（1999）和滕尼斯的观点类似，都强调社区是在某个地域范围内形成的具有和谐人际关系和互帮互助的群体或者组织。

从上述定义不难看出社区是具有和谐人际关系、生活在某个特定区域范围内的群体或组织的大集合，是社会有机体的基本单元，更是社会的一个小型缩影。它具有人际交往和谐、认同感强、社区意识统一等特征。因此，综合前述学者观点，本书将社区定义为：居住在某一特定地域范围内的、具有交流互动关系的社会生活共同体。它是城市社会空间与地理空间的结合，是城市社会的基本单位。其基本构成要素涵盖地域、人群、公共基础设施、组织文化等。

从对社区的内涵界定来看，我们可以总结出社区的几大特征。

一是群体聚集的载体。社区不仅仅是各种单独建筑物的集合，它还包括内部相关的生活设施和设备，是群体聚集在一起的重要载体。居民的各种活动都需要在这一载体中完成。

二是社会的小型缩影。每个居民都生活在大社会中，社区则是社会的小型缩影，居民在这个小型缩影中进行交流互动，彼此产生联系，从而满足居民的各种需求，如生活需求、交往需求、尊重需求、价值实现需求等。

三是每个社区都有自己独特的文化。由于每个社区的居民构成不一样，每个社区的经济、政治、文化背景等也有差异，导致每个社区都有专属于自己的独特文化。

四是社区居民对本社区有强烈的认同感和归属感，具有相同的社区意识感。

五是社区是不断迭代更新的，随着时间的推移，社区不断地变化，可能向新的或者旧的社区方向发展。

除此之外，社区还有诸多功能。

一是协助管理功能。社区作为最基层的社会单元，可以帮助政府协调社区内居民的各种活动与纠纷，做好社区居民的思想工作，还可以为社区居民办理各种公共事务。

二是民主自治功能。在中国共产党的领导下，社区能够开展各种民主自治活动，维护社区的团结稳定。

三是文化场域功能。社区可以组织各种文化娱乐体育活动，组织居民开展交流与互动。

四是监督纠察功能。社区内的居民委员会、业主委员会等自治组织有一定的监督纠察功能，可以代表群众监督政府的相关举措，让政府能够做到依法执政。

二、未来社区的概念及特征

随着时间的推移，人们对事物的认知会越来越清晰。未来是一个动态的概念，是对现在的进一步延伸。未来社区是未来和社区的结合，它首先强调的是以人为本，反映的是人民对美好生活的向往，同时也反映了人们对已有社区的批判和反思。它是高新技术和城市单元细胞融合发展的结果。美国城市学家威廉·米切尔于1999年提出未来社区的概念，他将社区分为硬社区（钢筋混凝土构建的社区）和软社区（互联网、传感器等构建的社区）。而另一位美国新媒介技术专家费德勒（2000）则认为未来社区是以电子媒介为中心，运用建筑技术构建的现代化社区，居民在这个空间中可以完成各种日常活动。由此可以看出，未来社区的概念具有前瞻性，随着时代和科技的发展，未来社区也会不断向前发展，没有一个标准的模板可以套用。

浙江省领先全国提出未来社区的概念，并正在如火如荼地推进未来社区建设与验收。但是，学术界尚未对未来社区概念给予足够重视，相关研究也较为缺乏。2019年浙江省政府出台的《浙江省未来社区建设试点工作方案》，将"未来社区"定义为以人民美好生活向往为中心，以人本化、生态化、数字化为价值导向，具有归属感、舒适感和未来感的新型城市功能的基本单元（匡晓明，2017）。国内学者认为未来社区是"未来"和"社区"两个概念的叠加，"未来"是人民对美好生活的向往，而"社区"则是基于血缘、朋友和邻里关系建立起来的共同体（王列生，2021）。未来社区是对传统社区的重大变革，通过引入信息技术、先进文化理念、基础设施和社会生活等要素，利用系统化方法解决城市社区中的经济、文化、生活等多方面问题，明显提升社区居民的生活品质，促进社区可持续发展（田毅鹏，2020）。曾智洪等（2020）指出未来社区是以人民美好生活向往为基础，以"关照自己、关照邻里、关照社区"为原则，借助大数据、区块链、云计算、互联网、物联网等现代化信息技术手段，规划新建或改造或重建城市社区，涉及智慧楼宇、智能家居、智慧医疗、数字生活、智慧治理等社区领域，形成具有认同感、归属感、舒适感和未来感的智慧化城市社区功能单元，进一步促进人的全面发展和城市更新。未来社区作为人们理想生活的重要载体，其建造价值观是人与自然、人与人、人与科技的多重和谐关系，建设目标是生态、人文、智慧型社区，建构基础是社会、自然和技术三维空间（武前波等，2021）。邹静等（2023）认为建设未来社区是实现社区治理现代化和提升人民群众获得幸福感的创新路径，以城市基层空间治理为切入点，创建"物理＋社会＋数字"三元空间的整体框架。本书认为未来社区作为未来城市的基本单元，是实体社区空间和虚拟数字化空间的融合，不仅仅是现代化信息技术驱动的产物，更是满足居民各种需求的重要场所。同时，未来社区还具有较强的韧性，能够积极应对各种突发事件，保障居民的日常生活不受干扰，维持社区的稳定。未来社区更是智慧社区的升级，除了具备智慧社区的智能技术外，还具有更丰富的内涵，强调整个社区的软环境和动态的空间营造。未来社区的出现反映了新型社区发展的潮流，可以被看作现代技术针对城市社区场景的应用产物（邹永华和陈紫微，2021）。沈费伟（2022）指出未来社区除了具备数字化时代虚拟社区的功能价值，还有着更加丰富的现实内涵，充分体现了可持续发展的社区营造理念。

未来社区的建设需综合考虑城市发展规划、社区居民多样化需求以及人与技术的关系。未来社区的本质特征体现在三方面：首先，作为居民数字化生活需求的重要支持系统，为智能大数据应用提供场景；其次，作为城市智慧治理向基层延伸的一部分，为居民智慧生活提供便利服务；最后，促进人机协同发展，密切联系人工智能和社区居民，清晰辨识未来社区的主要特征可为其发展框架提供明确指引（曾智洪等，2020）。沈费伟（2022）总结出未来社区的四大特征：一是以面向未来为特征，二是以人本化为核心，三是以可持续发展为导向，四是以高品质生活为目标。未来社区以全面感知、动态可视的特征实现社区信息多维度全覆盖；以虚实互动、协同演进的特征实现社区人本化高效治理，打破社区智能化提升的壁垒，全面提升社区综合能力，具有全面感知、动态可视、虚实互动和协同演进的优势特征（邹静等，2023）。

本书进一步比较现代社区和未来社区的功能（如表1-1所示），发现以下事实。

表 1-1　现代社区和未来社区的功能比较

项目	现代社区功能	未来社区功能
房屋与园区	住宅集合，主要满足居住需求	集住宅、学习、娱乐、生活、教育、商业等于一体，满足居民多样化需求
房屋与网络	简单线路接入于建筑物上，功能相对比较单一	社区、建筑与网络相集成，住宅设施设备实现物联网链接，能够进行智慧化操控，功能比较全面
房屋与配套	相关配套只能保障基本需要	社区内的房屋门窗、安防、道路、垃圾处理等进行网络连接，实现智能、美观、节能、环保等多种功能，足不出户满足各种需求
房屋与自然	社区绿化景观单调	绿色生态、环境优美的新型社区

就社区内部的性质而言，现代社区的居民构成相对简单，并倾向于接受普遍认可的价值；未来社区则呈现出"复合性"特征，包括尊重多样性和达成共识两个方面。相较于传统社区居民，未来社区不是凭借外界干扰力量让居民团结合作。此外，未来社区引导居民开展协作。现代社区一般只需处理人与人之间的关系，而未来社区还需要协调人机关系，由于技术的应用和权利的让渡，其公域和私域边界互相嵌套、偏向模糊。现代社区以政府为主导，由政府配置资源，而未来社区则依靠技术更新、信息交互和居民协作来自我革新。

从社区外部性特征来看，现代社区集中于微观的、单一的功能形态布局，未来社区立足于多功能协同的视角，综合考虑经济、社会、文化、环境、安全等因素，实现社区生命周期价值的最大化。未来社区相较于现代社区在平面固定的建筑构型方面的最大转变在于，通过装配式建筑、零碳建筑、绿色建筑等新型建筑模式，营造多层次、立体式、可变化、可持续的居住生活空间，推动人们生活方式的绿色转变和智能迭代。在基础设施方面，除了传统的硬件设施外，未来社区充分体现智慧化、信息化、精准化，积极运用社区智慧大脑、数据平台、智能家电、智慧物业等智慧化基础设施和设备，连接数字社会和现实社会，全面提升社区治理的智慧化水平（曾智洪等，2020）。

综上所述，现代社区和未来社区在共同体价值、伦理主体、边界关系、发展动力、规划角度、功能布局、建筑构型、基础设施等维度上存在显著差异（如表1-2所示）。

表1-2 现代社区和未来社区的特征对比

维度	现代社区	未来社区
共同体价值	同质性和统一性	个性化和复合性
伦理主体	人	人与机器
边界关系	公共空间和私人空间界限分明	公共空间和私人空间边界模糊，互相渗透
发展动力	外部政府供给	内部自我变革
规划角度	局部	整体与综合
功能布局	形态单一	多元协同
建筑构型	平面不变	立体可变、可持续
基础设施	硬件	软硬件兼具

三、整合提升类未来社区的概念

为贯彻落实省委、省政府关于全面加快未来社区建设和全面推进数字化改革的指示精神，根据《浙江省未来社区建设试点工作方案》（浙政发〔2019〕8号）、《关于高质量加快推进未来社区试点建设工作的意见》

（浙政办发〔2019〕60号）等文件要求，在总结集成前期试点经验的基础上，2021年5月25日，浙江省发展改革委、浙江省建设厅发布《关于开展2021年度未来社区创建的通知》。通知指出，未来社区创建类型主要包括整合提升类、全拆重建类、拆改结合类、规划新建类和全域类五大类。整合提升类指的是那些整体建筑和环境质量较好，但与"美好家园"标准还存在差距的存量社区。这些社区需要将数字化改造与未来社区的"三化九场景"功能融入其中，整合社区现有资源，增加高质量的社区公共配套服务，重塑社区活力；顺应未来社区数字化建设要求，实现智慧化功能、服务单元全面覆盖，并逐步向规划单元延伸；"查漏补缺"优化完善"软场景"设施配置，灵活采取补建、购置、置换、租赁、改造等方式配套相关设施，全面响应约束性指标要求，保障场景设施的普惠共享性，满足向社区全体群众开放要求，确保实现"10分钟社区生活圈"功能；参照"硬场景"建设标准要求，酌情实施社区环境和硬件设施的改造提升。

四、CIM技术的概念与特征

CIM最早由Khemlani于2007年提出。[1] 随着BIM（建筑信息模型）的逐步发展，他在城市规划中引入了这种技术，逐渐将信息模型从建筑领域拓展至城市范围。大多数学者认为CIM是基于BIM技术，将GSD（地球空间数据）和IoT（物联网）数据进行整合，构建出城市动态信息和三维城市空间模型的综合体。我们可以将其定义为CIM是大场景的GSD、小场景的BIM和IoT数据的整合（胡杰成和赵雷，2020）。

---

[1] Khemlani L. Autodesk university 2007[EB/OL].（2007-12-26）[2024-08-10].https://www.aecbytes.com/newsletter/2007/issue_32.html.

除此之外，关于 CIM 还有以下一些有代表性的定义。第一，CIM 是 GIS（地理信息系统）和 BIM 的叠加。第二，CIM 是 BIM、IIM（基础设施信息模型）和 GIS 的融合。第三，CIM 是以数字技术为核心的数字孪生体（杜明芳，2020）。第四，CIM 平台既可以储存与城市有关的众多信息，又可以为协同工作提供数据调查与阅读功能，同时还可以与大数据、云计算、互联网和物联网相结合，形成一个集成式管理系统，是 3D GIS（三维地理信息系统）和 BIM 的高度融合（包胜等，2018）。第五，CIM 运用数字化信息模型，对信息进行收集、整理、清洗和处理，最终实现数据传递和数据共享，为城市规划建设、设备运行维护等提供支撑（许斌等，2019）。因此，CIM 有广义和狭义之分，广义上是指智慧城市，狭义上是指智慧城市中重要的基础设施。它是基于城市数据构建而成的城市信息和三维城市空间模型的综合体。

从范围上来说，CIM 是 GIS、BIM 和 IoT 的有机融合，具有可计算、可感知、城市可视化、开放、安全等特性。

从构成上来说，CIM 则是以 BIM 为基础，叠加三大基础设施（经济类、生态类和社会类）的城市系统模型。城市基础设施是城市健康发展的根基。一个城市的基础设施主要包括三类：一是经济类基础设施，如市政工程、交通基础设施和公共事业类基础设施；二是生态类基础设施，如公园、绿地、湿地等基础设施；三是社会类基础设施，如教育、娱乐、体育文化、医疗保健等基础设施。

Xu 等（2014）认为 CIM 可以通过 BIM 和 GIS 的集成来实现。具体而言，就是开发一个兼容 BIM 标准（IFC）和 GIS 标准（CityGML）的 CIM 平台，将 CIM 的建模方法分为城市实体测量，CAD（计算机辅助设计）和

GIS 的整合，以及 BIM 和 GIS 的整合。在这些方法中，城市实体测量有一定的局限性且工作量较大，而 CAD 和 GIS 的整合则难以涵盖复杂多样的建筑信息（Webster, 1993）。相比于前两种，BIM 和 GIS 的整合既可提供构件级别的建筑内部信息，又能够集成建筑信息，且应用相对更为广泛。同时，BIM 与 GIS 的整合可以创造跨尺度的 CIM 模型，综合了多种层次的信息，这种应用已成为重要的发展趋势。吴志强院士进一步将 CIM 概念扩展为"city intelligent model"，即"城市智能信息模型"，在城市信息模型基础上更加注重智能特性，其含义不仅仅包括城市信息模型中众多数据的收集、整理、存储和处理，还包括运用智慧化技术和多维模型解决存在的问题（吴志强和甘惟，2018）。在该概念下，CIM 进一步融入了大数据、云计算、物联网、人工智能等多种信息技术，BIM、GIS 和 IoT 成为 CIM 的核心构成要件。

2018 年 11 月 12 日，北京城市副中心、雄安、南京、厦门、广州等五个城市和地区被列为运用 BIM 进行工程项目审查审批和 CIM 平台建设试点城市，标志着我国的 CIM 发展已步入实质性建设阶段。这些城市在数字化建设目标方面，将 CIM 的全方位信息整合优势作为智慧城市和数字孪生城市的关键模型基础（耿丹和李丹彤，2017）。

2020 年 3 月 4 日，中共中央政治局常务委员会会议提出，需加快 5G 网络、数据中心等新型基础设施建设进度。提出"新基建"战略能够为智慧城市和数字孪生城市建设提供强大的数字动力，加快建设脚步。2020 年，住房城乡建设部发布了《CIM 基础平台技术导则》，提出了在平台构成、功能、数据、运维等方面的技术要求（吴志强和甘惟，2018）。地方政府也开始发力，例如宁波市人民政府办公厅文件提到了推广应用社区信息管理平台，依托平台全周期管控规划设计、征迁、建设施工、运营管理等。各大企业巨头也纷纷开始进入 CIM 市场，例如腾讯进军 CIM，阿里也早早开始布局雄安新区 CIM 平台。可以看到，CIM 作为智慧城市和数字孪生城市的重要模型基础，它的重要性不言而喻。当然，万事万物的发展既存在机遇，又会面临诸多挑战，CIM 也不例外。

五、数字治理的概念与特征

在词源上，"治理"一词源自希腊语动词"Kubernan"，译为"转向"或者"驾驶"，柏拉图首次将这种理念应用在国家规则系统设计上。到了 20 世纪 80 年代，治理概念被广泛应用于社会科学各个分支学科中。Dunleavy 等（2006）较早地提出了"数字时代治理"（DEG）概念，认为数字治理是整个社会数字时代的一个运动，并不只是针对政府机构内部的数字化。Kaufmann 等（2010）认为治理是国家行使权力的制度，包括选择、监督和替换政府的过程，政府有效制定和执行健全政策，公民和国家尊重经济社会治理制度。治理是行动者对社会规范和制度的产生、强化和再现等集体问题进行互动和决策的过程。数字治理的兴起与通信技术（ICT）的发展密切相关。陈水生（2021）将城市数字治理定义为：借助 ICT 的综合应用，通过治理技术创新、治理制度变革、治理过程优化和治理体系再造等，系统、全面地提升城市治理的智能化、精准化、人本化和效能化水平，改进城市治理绩效，为居民创造美好城市生活。李韬和冯贺霞（2022）认为数字治理是指以数字化赋能治理体系和治理能力、构建新型治理体系为目标，在政府主导下，平台与企业、社会组织、网络社群、公民个人等多元主体共同参与相关事务的制度安排和持续过程。李韬等（2024）认为，数字治理坚持以人为本、开放创新、共建共享、包容发展的目标原则,其治理范围涵盖了城市治理中的数字政府、数字经济、数字社会、数字技术等,既有基于数字化智能化的治理,又有针对因数字化智能化应用而产生的各类复杂矛盾和问题的治理。

数字治理的要素包括治理主体、治理手段、治理过程、治理评价等。其特征主要概括为三点:一是强调大数据和人工智能的重要作用。Kloeckl等(2012)认为,对于城市管理者来说,数字设备记录了系统、动态、明确、成本相对较低的城市活动和过程数据,使得具有实时分析和适应性的城市治理成为可能。在城市治理过程中,智慧城市的一个重要特征是能够实现复杂的数据分析(Kitchin, 2014)。二是精细化和精准化服务。城市精细化治理提倡"人民城市"、精准化服务、参与式治理与温度治理,而城市精细化治理绩效的有效发挥有赖于技术治理、制度变革和人本取向的融合发展,形成治理速度、深度和温度的统一(李韬等, 2024)。三是协同治理。随着数字技术的应用与发展,城市数字治理正逐渐向强调多方协作、参与和互动的治理模式转变(Rosenau等, 1992)。Kourtit等(2017)强调,政府将更加侧重于与城市中其他利益相关者(如企业、社会组织、居民等)的合作,利益相关者的共同参与在城市数字治理中发挥着越来越重要的作用。

第五节 未来社区和 CIM 政策分析

一、未来社区政策分析

未来社区政策的制定和实施有助于提高居民生活质量，提升居民健康水平和幸福感，为居民提供更好的服务和福利保障，促进社会内部各群体之间的协调和融合，减少社会矛盾和冲突。此外，良好的社区政策可以激发经济活力，促进社区内部产业发展和就业增长，提升地区经济水平。未来社区面临着各种挑战，通过有效的政策制定和实施，社区可以更好地应对未来挑战。

未来社区政策主要包括以下内容。

（1）2019年3月，《浙江省未来社区建设试点工作方案》（浙政发〔2019〕8号）指出，全面开展未来社区建设试点工作，明确了未来社区建设试点目标定位、任务要求、措施保障，标志着未来社区的一个中心、三大价值导向和九大场景的框架体系的构建。

（2）2019年3月，《关于开展浙江省未来社区建设试点申报工作的通知》（浙发改基综〔2019〕138号）指出，正式启动未来社区建设试点申报工作，明确了试点申报的申报条件和要求等细则。

（3）2019年11月，《关于高质量加快推进未来社区试点建设工作的意见》（浙政办发〔2019〕60号）指出，引领各地政府部门高质量开展未来社区试点建设工作，百花齐放，百家争鸣，充分发挥群众的力量，集思广益，以科学规划为前提，高效集约利用社区空间，加大资金保障力度，为未来社区的试点建设提供全方位的保障。

（4）2019年12月，《关于开展浙江省未来社区建设第二批试点申报工作的通知》（浙发改基综〔2019〕183号）指出，组织开展未来社区建设试点的第二批申报工作，涵盖申报条件、要求及流程等内容，使未来社区的建设思路更为明晰。

（5）2020年3月，《高质量打造未来社区公共文化空间的实施意见》（浙文旅公共〔2020〕1号）指出，聚焦未来社区三维价值坐标和九大创新场景建设，精心打造"记得住过去，看得见未来"的未来社区公共文化空间。该意见重点解决了未来社区公共文化空间建设、管理和使用等问题，进一步明确了未来社区公共文化空间的目标、定位和内涵。

（6）2020年6月，《浙江省未来社区试点建设管理办法（试行）》（浙发改基综〔2020〕195号）指出，需要明确未来社区试点建设的规范要求，包括职责权限、创建流程、申报方式、规范方案等。该文件为未来社区试点的创建提供指导。

（7）2020年8月，《浙江省未来社区试点建设全过程工程咨询服务指南（试行）》（浙发改基综〔2020〕30号）倡导在未来社区建设试点过程中开展"1+N+X"全过程工程咨询，其中，"1"是指综合性咨询，包括试点选址咨询、场景系统咨询、资金平衡咨询、技术体系管理咨询、土地供给与履约监管咨询等；"N"是指前期专项咨询，包括征迁方案咨询、申报方案编制咨询、规划研究咨询、专项政策研究咨询、试点投融资咨询等；"X"为工程建设专项咨询，包括项目报审咨询、工程勘察咨询、工程设计咨询、招标（采购）咨询、工程造价咨询等。

（8）2020年8月，《关于进一步加强财政金融支持未来社区试点建设的意见》（浙发改基综〔2020〕297号）指出，加大财政金融对未来社区建设的支持力度，包括银行信贷和其他多元化金融支持服务，拓宽未来社区建设的融资来源，对未来社区建设给予充足的资金保障。

（9）2021年3月，《关于开展2021年度未来社区创建的通知》（浙发改基综函〔2021〕228号）指出，要构建浙江省未来社区创建评价指标体系，为全省未来社区的创建提供参考指南和规范。

（10）2021年5月，《关于公布2021年未来社区创建名单的通知》（浙发改基综〔2021〕187号）指出，在各地政府自愿申报的基础上，经过多轮评审，形成了浙江省2021年未来社区创建名单，其中整合提升类创建项目40个，拆改结合类27个，拆除重建类17个，规划新建类4个，全域类2个。此次创建名单的公布为后续未来社区的申报与创建提供了范本与参考。

（11）2021年6月，《关于高质量营造未来社区教育场景的实施意见》（浙教规〔2021〕23号）指出，要紧紧围绕全面推进数字化改革的方针，完善全民终身学习推进机制，扩大优质教育资源覆盖面，高质量营造具有浙江特色的未来教育场景，建设学习型社会。

（12）2021年8月，《未来社区数字化建设总体要求》标准（征求意见稿）规定了未来社区数字化总体架构、未来社区智能化设备/系统接入方式、未来社区数字化应用开发和应用接入、CIM平台对接方式、全域安全保障服务体系等内容，为未来社区的数字化建设指明了具体方向。

（13）2021年9月，《关于开展第四批城镇未来社区创建的通知》指出，突出需求导向，充分衔接城镇老旧小区改造和存量社区整合提升，联动城乡风貌整治提升，整合各种资源，重点推进邻里、养老、健康、托管、社区治理等基础公共服务落实，实现社区公共服务均等化。该通知为进一步未来社区创建试点指明了重点建设方向。

（14）2021年11月，《未来社区数字化建设指引（试行1.0版）》指出，需要落实若干重点任务，包括推动标准化未来社区智慧服务平台落地、构建智能感知系统形成社区数字基建、贯通"城市大脑"承接多跨场景应用精准落地、连通服务应用商城实现应用全生命周期管理，为浙江省未来社区数字化建设指明了道路。

（15）2021年12月，《关于开展2021年度浙江省城镇未来社区验收工作的通知》指出，要推动组织自评、审查上报、验收命名和不定期抽查复核等工作。

（16）2021年12月，《关于公布浙江省第四批未来社区创建名单的通知》指出，共计131个项目选入第四批未来社区创建名单，主要包括旧改类（100个）和新建类（31个）。

（17）2021年2月，《关于开展第五批城镇未来社区创建的通知》指出，未来社区是浙江省建设共同富裕示范区的引领性、战略性和标志性项目，将"一统三化九场景"理念贯穿于城乡规划建设管理中，大力推动老旧小区改造、城乡风貌整治提升、未来乡村建设等工作。

（18）2022年3月，《开展浙江省未来社区第二批验收工作的通知》指出，通过组织自评、审查上报、专家评分及调研核查、验收命名、不定期抽查复核等流程，验收第二批未来社区试点项目。

（19）2022年3月，《浙江省全域推进未来社区建设的指导意见》征求意见稿以政府引导、市场推动，统筹布局、系统谋划，以人为本、因地制宜，党建引领、整体智治为基本原则，提出了2022年、2025年和2035年三大目标，推动未来社区成为城市现代化建设的普遍形态，打造共同富裕示范区基本单元。

（20）2022年5月，《关于公布浙江省第五批未来社区创建名单的通知》指出，共计有186个项目符合未来社区创建要求。

（21）2022年11月，《关于公布浙江省第六批未来社区创建名单的通知》指出，共计有316个项目符合未来社区创建要求。

（22）2023年1月，《浙江省人民政府办公厅关于全域推进未来社区建设的指导意见》指出，坚持以习近平新时代中国特色社会主义思想为指导，深入贯彻党的二十大精神，落实省委、省政府关于高质量发展建设共同富裕示范区战略部署，落实完整社区建设要求，聚焦人民对美好生活的向往，强化党建统领、改革创新、系统集成、规划统筹、数字赋能、共建共享，将"一统三化九场景"理念贯彻到城市规划建设管理全过程，推动成为社区改造提升和建设发展的根本要求，打造幸福美好家园。

（23）2023年3月，《关于公布浙江省第七批未来社区创建名单的通知》指出，共计有480个项目符合未来社区创建要求。

二、CIM政策分析

CIM与新时代的技术信息相融合，具有要素信息表达准确、模拟性强、协同性高等特征，在推动社区建设和城市更新过程中具有重要地位和作用，应用前景广泛。全国住房和城乡建设工作会议在部署2020年重点工作任务时提出，需加快构建部、省、市三级CIM平台建设框架体系。此外，一些城市和地区如北京、厦门、南京、广州、雄安新区等，也发布了关于CIM技术及平台建设的相关政策文件。CIM政策主要包括以下内容。

（1）2016年10月，《上海市城乡建设和管理"十三五"规划》解读说明指出，要探索建立 CIM 平台。

（2）2018 年，北京城市副中心、雄安新区、南京、厦门、广州被列为运用 BIM 进行工程项目审查审批和 CIM 平台建设试点城市。

（3）2019 年 3 月，《浙江省未来社区建设试点工作方案》指出，到 2021 年底，浙江计划培育建设省级试点 100 个左右，搭建数字化规划建设管理平台，应用推广装配式建筑、室内装修工业化集成技术，构建 CIM 平台，建立数字社区基底，实现规划、设计、建设全过程的数字化。

（4）2019 年 10 月，《产业结构调整指导目录（2019 年本）》指出，将 CIM 纳入为鼓励类产业。

（5）2020 年 1 月，国务院常务会议指出，确定促进制造业稳增长的措施，提出重点发展先进制造业，出台新型基础设施投资的鼓励政策，推进绿色和智慧制造。

（6）2020 年 4 月，《关于推进"上云用数赋智"行动 培育新经济发展实施方案》的通知指出，要加快数字化转型共性技术、关键技术研发应用，支持在具备条件的行业领域和企业范围探索大数据、人工智能、云计算、数字孪生、区块链、物联网等，促进企业的数字化转型，开展数字孪生创新计划，强化数字化转型金融供给。

（7）2020 年 4 月，《住房和城乡建设部办公厅关于组织申报 2020 年科学技术计划项目的通知》指出，CIM 为重点申报方向之一，主题包括 CIM 平台建设和应用的相关制度、政策和激励机制研究，BIM 与 CIM 的数据接入、轻量化和数据信息安全技术，城市基层治理网格化、精细化管理支撑技术，CIM 平台标准体系研究，基于 CIM 的智慧城市应用场景梳理及体系构建技术。

（8）2020 年 7 月，《住房和城乡建设部等部门关于推动智能建造与建筑工业化协同发展的指导意见》指出，要通过融合建筑及地上地下设施的 BIM、城市地理多维信息、遥感信息和感知信息等多源信息，构建 CIM 平台。

（9）2020 年 8 月，《住房和城乡建设部等部门关于加快新型建筑工业化发展的若干意见》强调大力推广 BIM 技术，加快其在新型工业化建设全生命周期的应用，并进一步试点推进 BIM 报建审批和施工图 BIM 审图模式，推进与 CIM 平台的融通联动。

（10）2020 年 9 月，《国务院办公厅关于以新业态新模式引领新型消费加快发展的意见》指出，要推动车联网部署应用，并推动 CIM 基础平台建设，支持城市规划建设管理多场景应用，促进城市基础设施数字化和城市建设数据汇聚。

（11）2020 年 9 月，《城市信息模型（CIM）基础平台技术导则》的通知中指出，为贯彻落实中共中央、国务院关于建设数字中国、网络强国和智慧社会的战略部署，开展 CIM 基础平台建设，对各地经验做法进行总结，推进智慧城市建设。

（12）2020 年 11 月，《中共中央关于制定国民经济和社会发展第十四个五年规划和二〇三五年远景目标的建议》提出实施城市更新行动。

（13）2020 年 12 月，《住房和城乡建设部等部门关于推动物业服务企业加快发展线上线下生活服务的意见》指出，需要打通 CIM 和城市运行管理服务平台，引入公用事业服务和政务服务的数据资源，为智慧物业管理服务平台提供数据共享，进一步优化数字资源管理，鼓励物联网设备制造企业按照统一标准接入智慧物业管理服务平台，并与 CIM 基础平台、公共服务平台以及各类电商服务平台进行数据交互。

（14）2020年12月，《住房和城乡建设部关于加强城市地下市政基础设施建设的指导意见》指出，要建立完善综合管理信息平台，有条件的区域要将该平台与CIM基础平台深度融合，充分衔接国土空间基础信息平台，进一步拓展其模拟仿真、实时监控和预警事故等功能，真正实现管理的精细化和智慧化。

（15）2021年2月，《国家综合立体交通网规划纲要》提出，要坚持创新的核心主导地位，重视科技赋能，促进交通运输的减能增效，推进交通基础设施数字化和智慧化，推动智能网联汽车与智慧城市共同发展，构建城市建设、道路和公共设施融合感知体系，打造CIM和智慧出行一体化平台。

（16）2021年4月，《城市信息模型平台施工图审查数据标准（征求意见稿）》提出，要规范施工图的数据内容和交付要求，促进基于城市信息模型平台的信息交换与共享，实现施工图计算机审查功能。

（17）2021年4月，《城市信息模型平台建设用地规划管理数据标准（征求意见稿）》指出，要规范建设用地规划主要管控数据、建设用地管理数据和归档数据等内容，指导城市信息模型"CIM+"应用体系建设，进一步提高建设用地规划管理的质量，以满足城市精细化管理要求。

（18）2021年4月，《城市信息模型平台建设工程规划报批数据标准（征求意见稿）》指出，要规范建筑工程、市政工程、交通工程的设计方案审查阶段、建设工程规划许可证核发阶段的规划报批数据应用。

（19）2021年4月，《城市信息模型平台竣工验收备案数据标准（征求意见稿）》指出，要规范竣工验收备案的数据内容和交付要求，促进基于城市信息模型平台的信息交换与共享，实现竣工验收备案管理功能。

（20）2021年4月，《城市信息模型数据加工技术标准（征求意见稿）》指出，要规范城市信息模型数据加工处理，为城市信息模型平台提供合格的模型产品。

（21）2021年6月，关于印发《城市信息模型（CIM）基础平台技术导则》（修订版）的通知指出，在总结各地CIM基础平台建设经验的基础上，进一步完善CIM基础平台的技术要求。

（22）2022年1月，《城市信息模型基础平台技术标准》（CJJ/T315—2022）发布，对CIM平台架构与功能、CIM数据库、建设运维等内容进行了规定，是我国首个CIM行业标准。

（23）2022年1月，《"十四五"建筑业发展规划》指出，完善BIM报建审批标准，建立BIM辅助审查审批的信息系统，推进BIM与CIM平台融通联动，提高信息化监管能力。

（24）2022年3月，《"十四五"住房和城乡建设科技发展规划》指出，在城市基础设施数字化网络化智能化技术应用方面，要以建立绿色智能、安全可靠的新型城市基础设施为目标，推动5G、大数据、云计算、人工智能等新一代信息技术在城市建设运行管理中的应用，开展基于CIM平台的智能化市政基础设施建设和改造、智慧城市与智能网联汽车协同发展、智慧社区、城市运行管理服务平台建设等关键技术和装备研究。

（25）2022年5月，《"十四五"工程勘察设计行业发展规划》指出，推进BIM软件与CIM平台集成开发公共服务平台研究与应用，积极探索工程项目数字化成果与CIM平台数据融合，研究建立数据同步机制。

（26）2022年5月，《关于征集遴选智能建造试点城市的通知》要求建立建筑业数字化监管平台，探索 BIM 报建审批和审图流程，完善工程建设数字化成果的交付、审查和存档管理机制，支持与 CIM 基础平台的连接，研究大数据监管机制和辅助决策，建立适应智能建造的建筑市场和工程质量安全监督管理模式。

（27）2022 年 5 月，《城市燃气管道等老化更新改造实施方案（2022—2025 年）》指出，有条件的地方可将燃气监管系统与城市市政基础设施综合管理信息平台、CIM 平台等深度融合，与国土空间基础信息平台、城市安全风险监测预警平台充分衔接，提高城市管道和设施的运行效率与安全性，保障设施安全运行，做好周边关键区域的及时预警和应急处置。

（28）2022 年 6 月，《城乡建设领域碳达峰实施方案》指出，利用 BIM 技术和 CIM 平台等，加快数字建筑、数字孪生城市建设，推动城乡建设数字化转型。

（29）2022 年 9 月，《"十四五"住房和城乡建设信息化规划》指出，在城市基础设施数字化网络化智能化技术应用方面，要以建立绿色智能、安全可靠的新型城市基础设施为目标，推动 5G、大数据、云计算、人工智能等新一代信息技术在城市建设运行管理中的应用，开展基于 CIM 平台的智能化市政基础设施建设和改造、智慧城市与智能网联汽车协同发展、智慧社区、城市运行管理服务平台建设等关键技术和装备研究。

（30）2022 年 10 月，《进一步明确城市燃气管道等老化更新改造工作要求》指出，鼓励将燃气等管道监管系统与城市市政基础设施综合管理信息平台、CIM 等基础平台深度融合，并加快推进城市地下管线管理立法工作，因地制宜细化管理要求，切实加强违建拆除执法，加快解决第三方施工破坏、违规占压、安全间距不足、地下信息难以共享等城市管道保护突出问题。

（31）2022年12月，《"十四五"城镇化与城市发展科技创新专项规划》指出，要研究基于三维空间单元的CIM理论和平台构建关键技术与应用。

（32）2023年8月，《关于扎实推进城市燃气管道等老化更新改造工作的通知》指出，要建立和完善城市市政基础设施综合管理信息平台，将城市燃气管道等老化更新改造信息以及分散在各有关部门和专业经营单位的城市燃气、供水、供热、排水智能监管平台信息及时纳入，有条件的地方应与CIM等基础平台深度融合，促进城市基础设施监管信息系统整合。

（33）2023年12月，《关于全面开展城市体检工作的指导意见》提出，各级住房城乡建设部门应结合城市体检、全国自然灾害综合风险普查房屋建筑和市政设施调查、CIM基础平台建设等工作，汇聚第三方专业团队采集的体检数据、体检形成的问题清单、整治建议清单、工作进度等数据，搭建城市体检数据库，按照规定做好数据保存管理、动态更新、网络安全防护等工作。

（34）2023年12月，《"数据要素×"三年行动计划（2024—2026年）》明确提出，要激活数据要素潜能，发挥数据要素乘数效应。

（35）2024年1月，《工业互联网标识解析体系"贯通"行动计划（2024—2026年）》指出，要探索标识技术在建筑节能降碳、建筑全生命周期管理等方面的创新应用，推动与CIM的融合发展，推进建筑标识解析创新应用。

（36）2024年2月，《历史文化名城和街区等保护提升项目建设指南（试行）》指出，要推动历史建筑数字化信息采集，开展测绘工作，建设数字档案，促进历史建筑数据库与CIM平台的连接与互通，实现对历史建筑数据的实时动态监测。

（37）2024年4月2日，《关于深化智慧城市发展 推进城市全域数字化转型的指导意见》提出，全面推动城市数字化转型的主要任务，鼓励有资格的地区推进国土空间基础信息、时空大数据、实景三维中国和城市信息模型等基础平台功能整合和协同发展，统一提供城市数字化转型的时空框架，根据实际情况逐步推进数字孪生城市建设，促进虚实共存、仿真预测和优化迭代的数字孪生场景形成。

Chapter 2

| 第二章 |

研究综述

第三篇

主要教材

第一节　CIM 相关研究综述

一、CIM 基础研究

关于 CIM 的研究仍然处于初级阶段，主要集中在框架设计、数据融合和可视化方面。不同学者对于 CIM 概念的理解存在差异，因此对 CIM 结构框架的定义也各有侧重。Xu 等（2014）将 CIM 划分为建筑、运输、水体、MEP（机械、电气和管道）、基础设施等多个模块，利用 GIS 将其定位在具体城市区域，适用范围广泛。Lee 等（2016）将 CIM 框架精简为设备、土地和水体三个模块，然而该框架可能存在不足，适用性受限。汪深等（2019）认为 CIM 涵盖了空间、物质、性能和文化四个组成结构，以及城市基础设施和地理信息两大板块，囊括了城市全生命周期管理产业。综上所述，现有框架多基于概念或特定情景分析，存在一定局限性。

CIM 发展的关键是建立一个集设计、计算、管理、评估于一体的平台，并在其中重点突破城市信息数据的融合难题。城市信息数据包括城市基础信息、建筑内部信息和物联网信息。城市基础信息主要依赖 GIS，建筑内部信息多采用 BIM 和 CAD，而城市各领域底层信息的收集则依赖 IoT 技术。CIM 的建模方式主要包括实体测量建模、基于 CAD 与 GIS 建模

（Badhrudeen 等，2020）、基于 BIM 与 GIS 建模（曹国等，2013）等。根据不同的建模方法，数据融合方法包括 CAD 与 GIS 的数据融合以及 BIM 与 GIS 的数据融合。

CIM 可视化是指利用各种技术手段将其中的数据以直观的可视化形式呈现出来，使用户能够更直观地理解和分析城市相关信息。CIM 可视化的热点包括如何利用先进的可视化技术展示复杂的城市信息模型、如何实现多源数据的融合和可视化呈现、如何设计用户友好的可视化界面帮助用户更好地理解和利用城市信息数据等。可以利用 CityGML 进行多细节层次的建模，结合 GIS 数据加强修复城市模型，最后通过模拟工具进行各种能源模拟，得出仿真结果和评估指标，并通过 3D 城市模型进行可视化展示（Nouvel 等，2015）。Urban CoBuilder（一种应用程序）采用 CIM、AR（增强现实）和游戏结合的方式，鼓励用户探索城市环境，并促使利益相关者参与城市规划，以便收集相关信息，参与城市规划过程（Ungureanu, 2019）。

二、CIM 应用研究

关于 CIM 的应用主要聚焦于两方面：智慧城市和数字化社区。

一是智慧城市。随着城市化进程的加快，城市面临的问题也逐渐增多，如何在城市管理过程中解决日益严峻的种种挑战，成为政府首要考虑的问题，包括人口、医疗、交通、环保和资源短缺等方面的挑战。智慧城市的出现就是为了给这些问题提供一体化的解决方案。美国、欧洲和日本作为城镇化水平相对较高的发达经济体，早已相继开始了智慧城市的相关研究，并取得了一定的进展（Paskaleva, 2011）。发展 CIM 是贯彻落实中共中央、国务院关于建设网络强国、数字中国、智慧社会的战略部署，指导各地开展城市信息模型基础平台建设的重要举措（杜明芳，2020）。基于城市信息模型的城市现代化转型发展路径的实现逻辑为：（1）构建CIM；（2）建设城市信息模型驱动的智慧城市；（3）基于CIM和智慧城市构建现代城市治理体系；（4）在现代城市治理体系的推动下，逐步完成城市现代化转型发展，强调CIM技术在智慧城市中的应用。2017年11月，中国工程院原常务副院长潘云鹤院士在"中国城市学年·2017"开幕式上进行主旨演讲，他在演讲中提到，一般来说，世界空间分为人类社会空间（H）和物理空间（P），近年来，随着信息力量的迅速壮大，信息空间（C）正成为世界空间的新一极，即从"PH"发展到"CPH"。大数据时代的本质就是世界从二元走向三元，空间变化带来了认知的新计算、新通道、新门类。在这一演变进程中，城市CIM以及大数据中心的构建就成为智慧城市3.0建设的重要手段。CIM平台是一个综合的信息载体和核心平台，是连接物理城市和数字城市的关键桥梁，用于准确映射城市运行细节、发现城市发展规律、推演未来城市趋势。包胜等（2018）基于智慧城市和CIM技术内涵，提出了一套关于CIM的智慧城市管理平台设计方案，并对新型智慧城市建设模式进行了详细讨论，为我国新型城镇化建设提供了实用有效的方案。2019年6月，广州市作为住房和城乡建设部试点城市之一，率先推进CIM平台建设。截至2020年12月，广州市已基本建成CIM平台，建立了城市级CIM平台标准体系，实现了工程建设项目审批的三维数字化辅助报审，开展了多项提升城市精细化管理的应用探索，加强了数据共享及互联互通能力，为广州市的新型城镇化建设工作奠定了坚实的基础（李璐颖，2021）。陈才和张育雄（2020）从CIM平台的现实意义、架构组成、产业生态、平台构建等方面介绍了 CIM 平台在助力数字孪生城市建设中的发展现状和未来展望。刘景华和覃振东（2021）结合智慧城市发展特点和国内外智慧城市建设经验，对瓜达尔智慧城市规划进行研究，并提出瓜达尔智慧城市 CIM 平台构想。刘在军等（2021）分析了青岛泊里应用 CIM 建设新型智慧城市的示范效益，这一成果吸引了全球智慧城市大会组委会（SCEWC）的关注，入围并获得了 2020 年世界智慧城市"治理与服务"大奖。

二是数字化社区。蒋狄微和侯志通（2021）主要探究了 CIM 在未来社区实施方案评审中的应用，通过充分运用 CIM 在空间治理上的优势，构建浙江省统一的未来社区 CIM 平台，实现未来社区在三维空间的数字映射。作为数字化的重要抓手，平台利用 CIM 为未来社区试点实施方案评审提供了实施方案编辑与上送、评审专家在线意见批注、数字沙盘推演、评审数据归档留存等创新性服务，满足了未来社区试点实施方案从宏观区位到设计细节的全尺度表达。根据《浙江省未来社区试点创建评价指标体系（试行）》及相关文件的解读，未来社区建设的核心技术突破是基于 CIM 城市综合管理平台，实现系统性连接力，将由"九大未来场景"构成的实体社区与数字化孪生社区紧密连接。CIM 城市综合管理平台作为"社区数字化中脑"，上连"城市大脑"，下接"家庭小脑"，旨在构建一个以科学建设、合理运营为核心的社区数字化系统。孟志广（2021）从社会环境出发，引入 CIM 和未来社区的概念，以金华山嘴头未来社区为例，探究了 CIM 在未来社区的规划、建设和管理全周期中的应用。周鑫等（2023）则主要探讨了 CIM 在城市地下空间建设中的应用思路，有利于促进城市地下空间的开发与维护。吕晓飞等（2023）阐述了 CIM 和智慧园区管理业务需求，提出了 CIM 概念、特点以及智慧园区运行管理模式，并借助智慧园区平台的顶层设计示例，展开了实际应用探索。马琦和徐家瑜（2023）从CIM平台整体入手，开创"CIM+工地管理"应用场景，为我国工地智慧化和现代化治理提供了重要参考依据。针对调度主站和电网GIS平台图模数据源不统一、图模规范不一致，导致电力系统输变配拓扑无法贯通及图模维护工作量大的问题，蔡文婷等（2023）提出了一种基于CIM/SVG的电力系统图模数据融合技术，有效解决了输变配图模数据融合的问题。叶朱志和刘路慧（2023）提出应广泛运用5G、互联网、物联网、云计算、大数据、区块链和人工智能等技术，建设智慧物业管理服务平台，并对接CIM和城市运行管理服务平台，链接各类电子商务平台，推动物业服务线上线下融合发展，满足居民多样化多层次生活服务需求，增强人民群众的获得感、幸福感和安全感。张雪等（2024）探讨了发展和推广BIM/CIM技术的可行性，以及针对这一技术发展的关键问题，提出了一种基于BIM/CIM的精细化管理的创新模式，为我国城市化进程和信息化水平提升提出了解决思路。周强等（2024）以独角兽岛智慧园区项目为例，探讨CIM、物联网技术、大数据技术及可视化渲染技术的交汇与融合应用，设计并建设应用场景支撑产业园区全生命周期的规划、建设、管理、运营以及园区空间价值提升，为推动我国智慧园区及智慧城市的建设提供基础支撑和建设经验。肖康等（2024）从数据融合与渲染性能两大核心问题出发，针对数据融合需求，建立数据融合机制，研究CIM模型数据标准化格式，同时针对渲染调度需求，研究BIM模型轻量化技术，在支撑一套模型多引擎加载的前提下，提高模型渲染效率。孙立志和付海龙（2023）通过阐述CIM发展趋势，从CIM平台建设的目标及行业痛点、难点来阐述CIM平台建设的研究现状，并结合天津市CIM项目研究的实践经验，重点阐述CIM平台建设需要解决的关键技术，给 CIM 平台建设提供了有益的指导与借鉴。基于"CIM+AI"的智慧化运维框架包括数字孪生底座、"5G+IoT+大数据"的技术融合框架、物联网传感网架构和智慧运维体系（郭容昱，2023）。刘振伟等（2024）则研究信息技术在建筑工程施工中的应用。

三、CIM 研究总结

CIM 在全球范围内仍处于起始阶段，其框架设计尚不够完备，主要的建模方法是 BIM 和 GIS 的整合，虽然已有一些研究，但有待加强。相较而言，针对 CIM 可视化的研究较为丰富。尽管 CIM 主要集中在建模和可视化功能，但其分析功能仍有待完善，且 CIM 在中国的应用尚未覆盖城市全生命周期，尤其是 5G、IoT 等相关技术的应用。CIM 将为智慧城市和数字孪生城市提供智能化和全方位的应用场景。然而，目前的研究现状给 CIM 的发展带来限制，因此迫切需要加强对 CIM 的研发，为我国城市化发展带来新的动力（许镇等，2020）。我国关于 CIM 的研究与应用才刚刚开始，相关软硬件设施的研发与应用仍处于发展进程中。智慧城市、智慧园区和智慧工地等已相继运用 CIM。CIM 具有数字化、智慧化、协同性等特征，将会是未来社区可持续发展与运营的关键基础（孟志广，2021）。虽然已有较多学者关注未来社区建设，但多数研究是从定性角度去分析未来社区建设的美好蓝图、存在障碍与实施路径等，较少基于现有的先进技术特别是 CIM 去定量分析典型区域的未来社区场景设计。当前，CIM 在未来社区的应用主要集中于社区运营维护、平台建设与信息整合等方面，以社区管理方为主的阶段，尚未发挥其从规划、建设、运营到管理的全生命周期的功能（孟志广，2021）。

第二节 社区治理相关研究

社区治理是国家治理的基本单元和重要组成部分，社区治理现代化是国家治理现代化的重要基础（钱坤，2020）。随着社会发展和制度变革，中国的城市治理理念经历了从计划经济时期的传统单一控制型管理向市场经济时期的多元民主复合型治理理念的转变。城市治理模式也随之从单位制转变为街居制，再到社区制（何海兵，2003）。最近几年，随着信息技术的不断进步，信息化对社会的影响变得更加全面和深入，这加大了中国城市社区治理的复杂性。早期的城市社区智慧治理研究聚焦于信息化、数字化社区研究，探讨公共部门、企业和社区如何通过虚拟平台建设，实现数字化、信息化治理的协调功能和应急响应。[①] 既有研究基于主体关系强调各种治理主体之间通过信息化工具进行合理分工和有效协调（宋晓娟和王庆华，2020）、协同治理（王凯和岳国喆，2019）、精细化治理（苏云和张庆来，2020）以及技术支撑（彭勃，2020），早期智慧社区研究单纯关注技术，城市社区的智慧治理回归了对社区治理主体关系和治理行为的检视，将技术治理的合理化、主体关系的正规化和治理行为的精细化有机地统一起来。社区治理遵循以满足居民需求为首要目标，党建引领是指南，协商民主是方式，法治、德治有机结合为依托的行动逻辑（王雪珍，2019）。社区治理面临新挑战和新问题，需要构建中国式城市社区治理话语体系，分类研究多样社区，针对不同类型社区治理中产生的问题，寻找痛点进行具体化和精细化的研究，关注社会治理共同体建设（杨丹和王依，2024）。治理模式

---

① 郁建兴，黄飚."整体智治"：公共治理创新与信息技术革命互动融合[N].光明日报，2020-06-12（11）.

的转变是一个复杂过程，需要面对治理逻辑的根本变革、部门之间的壁垒、人才短缺、信息安全规范等实际问题。为推动数字化治理的更新换代，需要基层工作者们共同努力（丁柯汎和徐红，2024）。实现社会治理现代化，建立共建共享共治的社会治理新格局（刘建军，2019）。社区治理所面临的问题通常无法由单一部门或系统解决，因此需要跨越主体边界与限制，充分发挥居民的主体性、积极性、志愿性和创造性，以维持社会活力和平衡（王名，2019；李友梅，2017）。

  社区智慧治理相关研究主要涉及社区治理与社区信息化建设两方面，后者包括社区信息化的早期建设研究和智慧社区研究。总体来看，此两方面的研究长期以来保持平行方向，通常多为社区治理研究或社区信息化建设应用研究，鲜有结合。直到近两年智慧社区建设的广泛推行，才开始出现部分交叉研究，并由此引申出社区智慧治理的理念。

  大多数社区智慧治理研究侧重于社区治理中的信息技术运用。梁丽（2014）从基层政府治理角度，提出应充分利用新一代信息技术，转变治理思维与理念，促进物联网、云计算、大数据、新媒体、宽带网络等新一代信息技术与政府业务数据深度融合，使基层政府治理更精细和更智慧。徐宏炜（2014）基于技术性优势分析智慧社区建设对社区治理创新的促进作用。蒋俊杰（2014）认为通过智慧社区的技术支撑与信息共享平台，可为传统社区的价值定位、管理流程及供给模式的重构提供契机。二者虽基于智慧社区的"智慧"视角对社区治理创新提出建议，但均认为智慧社区推动社区治理创新主要依托智能化技术，在理念上仍将这种"智慧"等同于"信息智能"的概念。宋煜（2015）提出了智慧社区建设的总体框架与核心理念，将新型社区治理体系的基本架构视作智慧社区建设的逻辑机理，并强调智慧社区发展的关键是社会服务。邓沁雯等（2017）以佛山张槎"智慧城市管家"的创新实践为例，探讨了城市社区智慧治理的实现路径，包括智能化建设、多元主体协作治理关系构建以及创新性治理方式。王萍和刘诗梦（2017）以西湖区三墩镇"智慧社区"治理创新为研究对象，分析智慧社区建设对推动社区治理智慧化的作用，强调智慧社区治理有助于扩大居民参与、加强社区治理网络、提升公共服务供给和优化治理机制，但也需解决参与主体单一和角色冲突等问题。钱坤（2020）提出了"制度－技术－行动者"理论分析框架，强调智慧社区建设需要审慎引入新技术，动员普通行动者与制度、技术的良性互动，以达到改善生活和技术优化治理的目的。朱懿（2021）指出城市社区智慧治理的基本类型主要包括合作整合、能动促进、技术治理。城市社区智慧治理主要受治理价值转变和治理效率提升等内部因素，以及政策导向、市场创新、技术改良、群众需求等外部因素驱动。城市社区智慧治理的整合机制包括规则与技术的互嵌意愿、规则与技术的互惠规范、规则与技术的体制融合、规则与技术的治理创新。为此，需要通过技术与规则的理念嵌入、平台融合和能力提升，建构城市社区智慧治理、运作方式和支撑系统。

马胜男等（2008）指出，国外社区智慧治理与中国有差异，通常将社区信息化建设与电子政务相结合。根据中国电信智慧城市研究组（2011）的观点，国外智慧社区被视为信息技术改革的一部分，主要侧重于社区内核心领域的技术创新。因此，国外的社区治理研究更专注于信息技术的狭窄领域。智慧治理最重要的关注焦点就是建立一个多元参与的包容性社会，政府、社会组织、企业以及公民等社会主体通过互动合作来挑战传统一元化的政治权威，实现多元主体参与式治理（李云新和韩伊静，2017）。

Yigitcanlar 等（2008）称智慧治理最主要的作用就是培育智慧城市的多元参与主体，强调政府与社会其他主体之间的合作才是智慧治理的关键。Batty 等（2012）强调公民参与公共生活的重要性，提出智慧城市的参与机制是公民通过自下而上的途径与政府沟通。Dameri 和 Benevolo（2016）在研究公共参与的行动者中得出结论：在公共信息开放共享的环境中，市民和其他社会组织与政府互动、积极参与城市政策制定，这种机制是智慧治理的关键。Dameri（2014）研究表明，公共管理环境发生变化，社会主体之间相互依存的程度日益加深。单独的公共部门缺乏对社会微观运行状况的具体认知，单方面难以做出符合城市发展的决策，智慧治理的关键在于融入民主机制，通过公民、社会组织、企业等主体之间的横向互动来补充传统官僚制中权力纵向运行的过程。Komninos 等（2011）认为，成功的智慧治理体现在对城市的改造上，建立具有科技创新特征的智能社会项目。比如，在老城区中引入智能基础设施，并通过人性化公共服务供给解决交通拥堵、落后基础设施等老城区问题，提供更优质的生活环境，推动城市绿色转型。Letaifa（2015）指出，智慧治理通过整体规划城市发展战略，持续投入政策和资金以促进交通、水、电、能源等系统的智能化转型，提高社会公共服务质量，体现政府技术理性与治理价值理念相结合，建设有序和可持续发展的城市。

  部分学者侧重于探讨社区智慧治理的模式。宋言奇和田静（2022）以苏南地区农民为研究对象，发现"草根"组织在积极参与居住社区的社区治理中发挥了重要作用，需要从加强组织培训、丰富组织类型、扶持组织发展和加强组织建设等维度着手进一步发挥其有效性。理性化的政策动员模式易错配"制度—生活"的供求关系，一定程度上制约了治理参与主体的活力。情感动员则另辟蹊径地揭示了合作导向行为的发生机制，通过"情感认同—情感支持—情感能量"的逻辑链条，构建以工具理性与价值理性融通为特征的社区治理体系（余敏江和方熠威，2023）。社区治理和服务"嵌套"创新的生成路径表现为：以公共空间营造与社会化为依托，撬动公共组织和制度；以公共组织覆盖与职能化为依托，撬动公共空间和制度；以制度供给与制度化为依托，撬动公共空间和公共组织（颜德如和张树吉，2023）。结合日本在社区防灾能力与风险治理体系方面的实践经验，陈寿松等（2023）研究了 QR（快速参考手册）理念对增强日本社区基层应对能力的作用。借鉴这一经验，提出通过编制社区居民应灾指引手册，建立传染病社区风险治理体系，促进社区治理与医疗卫生融合互促，全方位提升社区韧性。胡荣和焦明娟（2023）基于中国乡村振兴综合调查 2020 年的数据研究发现，尽管邻里社会资本的衰落会使社区治理绩效降低，但整合农村依然保留着的共同体资源，能够凝聚社区共识，推动社区治理现代化。胡明志和陈杰（2023）认为房主较租户更愿意参与社区治理，但是拥有不同住房产权的房主的参与意愿具有明显的异质性。此外，房价上涨仅能显著提升完全产权（尤其是私有产权）房主参与社区治理的意愿，不影响共有产权房主的参与社区治理意愿。易芳馨等（2023）从社区碳排放构成的角度探索低碳社区治理能力提升路径，整体回顾了低碳社区治理嵌入城市综合治理的智慧体系，以此促进政策执行的落实，为可持续发展的低碳社区与低碳城市治理提供理论框架支撑。中央赋予城市社区党组织的功能日益丰富，凸显了社区党组织在党的执政布局中的关键战略地位，以及中国共产党在城市社区治理中的核心作用（陈家喜，2023）。刘春湘和肖敏（2023）认为基层党组织主动融入社区治理，通过强化和拓展社区治理能力促进社区空间再平衡，进而实现社会治理共同体建构的过程，党组织也依托基层社会实现组织拓展与权威塑造。社会组织在社区中的社会资本建构也是至关重要的，如社会工作机构、社区自组织等通过社区服务提供、社区公共性建设、社区参与促进以及情感能力培育等路径，助力共建共治共享社区治理机制的实现（杨慧，2024）。徐炜和刘博维（2024）指出新时期实现"由社区治理"向"在社区治理"的城市社区治理模式转型升级，需要以党建引领为根本保障，以服务人民为基本原则，以韧性社会治理共同体为最佳路径，以数智化治理技术为重要方式，不断完善人民性、现代性、社会性，走出中国式现代化城市社区治理路径。新兴的社区主导的治理结构受益于跨部门合作，有利于农村社区创新经济发展模式，使当地财富得以流通（Jamal & Gordon，2024）。吴晓燕（2016）认为需要把精细化的治理理念贯穿于精准扶贫的全过程，通过建立精细化的瞄准机制、开展精细化的致贫分析、进行精细化的制度设计等，既有效破解精准扶贫在实践中的困境，又推动基层治理向精细化治理模式转型。

第三节　数字治理相关研究

数字治理是利用新兴互联网信息技术，并融合治理理论、治理实践而形成的新型治理模式（董石桃和董秀芳，2022）。这种模式是整体治理与信息技术运用的完美结合（沈费伟，2021）。学者主要从数字治理的理论基础与价值定位、数字治理的基础实践与效能、数字治理的功能障碍和优化路径等方面开展研究。

就理论基础与价值定位而言，数字治理倡导利用信息技术助力城市社区治理，不仅是深化治理体系改革的紧迫任务，也是解决城市社区建设和管理的新问题的关键途径（丁柯汛和徐红，2024）。在社会治理方面，数字治理实现了权力的数字化延伸，缩小了治理主体之间的空间距离（徐顽强，2022），实现治理主体的互动协商和权能赋予（孟天广，2021）。在政府治理方面，数字治理表现为数据驱动、实时感知、市民参与、精准治理的变革趋势，是一种重要的治理手段，有助于跨越科层制政府治理的局限（江文路和张小劲，2021）。在乡村治理方面，数字治理符合农村社会治理的实际需求，并通过全景可视等机制促进了治理机制的变革。同时，数字治理的"时空脱嵌性"等运行机制与基层权力结构、农民生活之间存在一定张力（刘能和陆兵哲，2022）。

就基础实践与效能而言，各地区的数字治理各有侧重。例如，纽约城市治理着力发展以"市民需求为主"的城市服务和数字基础建设，通过数字平台搭建、与多元主体合作、开放数据等治理手段，发展了具有纽约城市特色的数字治理形态。新加坡则致力于深化数字服务能力建设，完善数字基础设施，整合数据资源，提升数字城市服务（李韬等，2024）。从面向行政权威任务型的科层治理，到面向平台界面的数字治理，再到面向全域数字化转型的敏捷治理，新加坡的转型路径，为城市治理提供了典型案例。沈费伟和叶温馨（2020）基于福建厦门"农事通"、上海宝山"社区通"、浙江衢州"龙游通"的案例分析发现，基层政府数字治理实践主要以"治理平台＋制度规范"的形式呈现，体现了框架建构层面的"技术＋制度"、应用范围层面的"线上＋线下"、实践执行层面的"网络＋网格"、行政方式层面的"共性＋个性"和主体结构层面的"主导＋主体"的运作逻辑。赵晨和张翔（2024）通过对开封市市域"一中心四平台"运行机制的观察，发现数字平台通过搭建纵向"五层贯通"的治理格局和横向多网、多部门、多主体协同的组织结构，辅之以"限时督办"的考核机制，实现了"一个端口入，一个端口出"的闭环工作流程，能够有效协调条块关系，改善权责不清和责任推诿问题。

  针对功能障碍和优化策略，数字治理由于缺少必要的理念更新、制度变革、组织转型、法治规范和伦理关切，仅依赖数字技术的应用，难以实现治理功能。全球数字治理作为协调不同治理主体参与数智全球化的规则制度，面临着数字资源与共同性财富分配不均衡、数字治理壁垒增多、技术理性压制价值理性的多重现代性困境（李亚琪和贺来，2024）。目前中国地方政府的数字化转型实践虽然有着不错的治理效能，但总体上仍面临着治理理念不明确、体系不完善、机制不健全、基础设施不配套等现实问题（沈费伟和叶温馨，2020）。重视资金投入而忽视用户体验以及重视前期建设而忽视后期与用户互动等问题突出，弱化了数字治理的效果（钟伟军，2019）。从体制机制来看，业务部门与数据管理部门权责不清晰、线上与线下流程和业务协同程度不足、线上服务全网通办诉求与条块管理体制不匹配等，构成数字政府治理实践中的突出问题（江小涓，2021）。数字治理风险及其演进机理研究难度较高，数字治理风险防治制度建设与社会发展现实的适配性有待提高，防范数字治理风险的社会基础相对脆弱（郑姗姗，2024）。在优化路径上，未来需要从治理理念、治理目标、治理方式、治理结构、治理路径等方面推进基层政府数字治理模式的完善和优化，从而更好地提高基层政府数字治理绩效（沈费伟和叶温馨，2020）。应以基层治理实际需求为导向推进数字治理体系建设，立足公共利益的结果对数字治理绩效进行科学评估，适当减轻数字治理中基层政府的考核压力，减轻县级政府和县级部门的创新压力，补齐基层数字治理体制机制短板，构建符合客观实际需要的数字治理体系（李祖佩，2024）。

第四节 未来社区治理相关研究

社区是城市治理的基本单元，也是城市品质发展水平的标志，更是人民美好生活需求的重要载体。伴随着城市化发展，浙江省在全国率先提出了"未来社区"的概念，已有学者对浙江省未来社区建设开展了研究。未来社区建设是落实以人民为中心的发展思想、满足人民美好生活向往的重大举措，是实现浙江省"两个高水平"发展的有效载体。根据试点申报的要求，未来社区创建以20世纪70—90年代老旧小区为主体的改造更新类为主，主要方式是全拆重建和"插花式改建"（张瑾和何玲巧，2019）。

有些学者聚焦于某一方面的未来社区建设，如赵国超等（2019）将Meme①理论引入社区绿色领域，提出了社区绿色基因的概念，并对社区绿色基因与生物基因的异同点进行了类比分析，进一步强化了社区绿色建设中人的主体地位，对于推动社区绿色建设、丰富社区建设的理论体系具有促进作用。宋维尔（2019）重点探讨了未来社区的建筑场景体系设计。

更多学者则从更为完整的视角剖析未来社区建设，如刘晶晶和施楚凡（2019）总结了浙江省提出未来社区建设的现实背景及实践路径，并根据浙江省在开展未来社区工作上的经验做法得出一些有益启示。汪欢欢和姚南（2020）指出未来社区建设试点存在邻里塑造客观障碍、新兴场景制

---

① 英国生物学家和行为生态学家道金斯（Dawkins），创造了一个与生物遗传基因（Gene）相对应的关于"文化复制"的词语——Meme（中译为"模因"）。

度瓶颈、技术应用潜在风险、各方利益平衡难题等可能的风险与难点,需从顶层设计、微观建设、制度创新、营造模式等方面系统推进。柴贤龙等(2019)从未来社区人文价值塑造、孪生数字社区构建、生态化建设营造系统创新等方面开展论证分析,从稳妥推进试点项目、加快构建绿色通道、培育一批关联产业综合服务运营商等方面提出推进浙江省未来社区建设的对策建议。李明超和黄楚璇(2019)认为应该借鉴杭州市老旧小区改造的经验,通过引入绿色、共享和开放的先进理念,并运用新信息技术,引导居民和相关单位共同参与社区改造,实现共建共管、效果共评、成果共享,助力居民创建有归属感、舒适感和未来感的社区环境,未来社区实质上是立足当前、面向未来的老旧小区改造。曾智洪等(2020)认为未来社区作为高新技术与城市细胞互嵌融合的产物,在城市社区实现智慧善治方面具有独特优势。

但囿于信息技术及其应用的局限性,未来社区的建设和发展也面临着技术进步与社会分化、空间共享与隐私保护、发展扩张与制度滞后、人机共生与人的主体性、创新发展与监督管理等矛盾。因此,有必要从制度、空间、技术、道德和监管五个维度打造未来社区的韧性治理模式,通过加强多元治理、超前规划和技术工具的协同作用,以实现人机共同体的和谐共生与未来社区的发展共赢。王国平(2020)认为以人本化、生态化、数字化和九大场景为目标的未来社区是新型智慧城市的正确延伸,关键是要革新未来社区建设的投融资模式和建设运营模式。沈费伟(2022)认为未来社区的空间生产存在着空间需求不匹配、资源要素不充足、场景建设不融合和评价标准不统一等问题,需要从满足多元主体需求、完善资源要素供给、探索场景融合建设、健全标准制度保障等方面来提升治理效能,让社区生活更加安全高效。邹静等（2023）指出城市未来社区面临三大融入困境，包括过于追求未来社区的"高大上"，忽视居民的民生需求；居民习惯于传统的生活方式，不适应未来社区生活；不会应用社区现代信息技术，无法真正融入社区。政府及相关企业需在规划建设方面通过全要素表达融入居民利益诉求；在运营管理方面促进全过程呈现，提升科学精准管理水平；在治理服务方面实现全周期可追溯，切实保障居民权益；在社会保障方面完善全域性监管，严格防范数字风险，扎实推进未来社区高质量发展。吴军民（2024）则立足于人本化、智慧化、共享化和绿色化的价值导向，认为应当加强人文化的未来社区建设价值理念、智慧化的"人—机治理共同体"机制、共享化的社区公共服务供给机制和绿色化的全要素、多层次社区融合机制的整体性构建。

Chapter 3

| 第三章 |

未来社区治理的理论基础

第三章

未来村区治理的重要基础

未来社区建设和治理是一项复杂的系统工程，需要以众多的理论为基石。在这个过程中，一定要善于运用理论作为指导，将理论与实践相结合，更好地推动未来社区建设和可持续发展。

第一节　协同治理理论

随着社会二元结构的瓦解，协同治理成为社区治理的新模式。协同治理旨在通过协调处理复杂社会公共事务中的关系，减少冲突和隔阂，推动共同耦合和资源共享，弥补政府、市场和社会单一治理的缺陷，促进各方利益协同，实现提质增效。未来社区的治理不能单靠政府的力量，需要协同各方主体参与未来社区的建设与治理，充分发挥居民和社会团体、社会组织的集体力量，共同构建公共治理网络体系。社会治理共同体是基于共同空间和利益形成的有机体，需要持续凝练共同的价值理念，打造共建共治共享的高效平台。因此，在未来社区社会治理共同体的构建过程中，应以协同治理理论为基础，助力未来社区建设，促进社会的和谐稳定。

第二节 新公共服务理论

新公共服务理论是由美国公共行政学家登哈特等人提出的一种新公共行政理论。它以组织人本主义理论、新公共行政理论、民主公民权理论、社区和公民社会理论等为思想基础,把效率和生产力纳入社区、民主和公共利益等架构中,更加关注民主和公共利益。它吸收了传统公共行政理论的精华,肯定了新公共管理理论在公共管理实践中的重要应用价值,同时也摒弃了企业家政府理论的不合理之处,超越了已有的新公共管理理论,从某种程度上也是对公共行政理论和管理主义公共行政模式的替代。

新公共服务理论以公民为服务对象,以尊重公民权和实现公共利益为基石,强调多元主体与多元参与政府的公共管理,以及社会协同运作的治理风格。该理论主要包括六个方面:一是政府职能和角色都是服务,要从控制转变为服务,为社区提供高质量的服务;二是要把公共利益放在首位;三是贯彻执行符合公共利益的政策和行动方案;四是关注公民的需求和利益,为公民服务;五是遵纪守法,关注社会价值观;六是重视公民权利,通过人进行有效管理(登哈特等,2004)。

新公共管理理论强调公共管理者与公民的关系如同企业家和顾客,单方面追求效率最大化,忽略了彼此之间的自愿平等原则。登哈特等人则基于人本主义,在批判新公共管理理论的基础上提出新公共服务理论。该理论以政府和公民的平等关系为前提,强调政府的职责是服务公民,应该制定长远规划,满足公民的实际需求,帮助公民维护合法权益。同时,政府也应该严于律己,自觉承担相应的责任,保证公民利益。

新公共服务理论与我国未来社区建设理念和社会治理共同体思想有相

似之处。我国未来社区建设，提倡以人为本、由文化引导的多主体参与治理模式，汲取了新公共服务理论的精髓。未来社区建设中需重视居民的多元化需求，依托现代信息技术提供数智化服务，因地制宜优化建设方案，促进社区治理体系现代化。

第三节 基层民主理论

民主是公民共同追求的价值观和共同创造的精神果实。民主包括国家民主和社会民主，而基层民主是社会民主的重要内容，是国家民主的补充。在我国弘扬社会主义民主，让公民享有参与国家事务和社会事务的权利，有必要加强基层民主制度的建设。基层民主制度建设是指在中国社会的最基层，通过公民参与民主化活动建立的一系列民主规则和程序，培养民众的民主习惯，逐步实现民主由少数精英领导转变为大众参与的日常生活方式（刘方玲，2006）。因此，基层民主制度建设是社会主义现代化建设的重要保障。

随着城市化进程的推进，原来依靠政府和单位承担的许多社会服务，已经逐步转向城市居民的社区服务，基层民主工作也因此而逐步开展。随着工作的逐步深入开展，基层治理也慢慢强调社区民主化，使得普通居民也有权参与社区的公共事务管理，促进居民、市场和政府的良性互动，实现合作共赢。基层民主理论强调民主的重要性，把它视为社区建设的灵魂。中国城市社区民主是一种以社区自治为基础，强调政府与社区良性互动的城市基层社会治理体制。居民有权通过民主选举、民主决策与管理、民主监督等机制，最大限度地行使自己的权利，逐步培养居民的民主意识和民主参与行为，协调政府和社区的关系，形成有效的良性互动，推进基层治理体系和治理能力的现代化（陈伟东，2001）。

第四节　第三部门理论

美国学者列维特于 1973 年提出第三部门理论。第三部门理论认为，社会组织分为政府组织、营利组织和非营利组织三大类。其中，政府组织是第一部门，营利组织是第二部门，各种非营利组织（non-profit organization, NPO）、非政府组织（non-governmental organization, NGO）、独立部门（independent sector）等是第三部门（邬大光和王建华，2002）。第三部门是在西方社会面临市场失灵、政府失灵、多元价值冲突等问题时应运而生的经济制度产物，它的显著特征就是非营利性、公益性、专业性和自我管理。该理论认为，在不完善的政府、市场和现实社会之间，应建立治理的多中心体制，第三部门的发展可以在一定程度上有效分离政府与社会，政府对第三部门进行授权，使第三部门成为社会事务管理的主体。此外，第三部门作为政府与居民合作的中介，能够实现社会自治。最终有效衔接政府、市场和社会治理，达到相互协同。第三部门在社会发展中的作用和意义主要体现在以下三个方面。

一是促进政府管理职能的转变。第三部门作为政府与企业、政府与市场的联系纽带，为政府和企业提供重要支持，原来需要大量由政府直接承担的管理工作，现在由第三部门接管，使政府从具体事务性工作中解脱出来，实现职能的转变。因此，第三部门提高了政府的宏观调控和监督管理效能，有利于形成良好的管理格局。

二是政府在提供公共服务时，可以考虑将一部分具体事务分派给第三方机构来进行，以弥补政府公共服务资源不足的短板，促进社会资源的有效配置。第三方机构通常具有更高的效能和灵活性，有助于帮助政府发挥监管职能，提升公共物品供给的能力和效率。

三是促进政府民主行政和依法行政。政府在制定各种公共政策时，需要广泛听取民众意见和政策建议，充分考虑民众的利益诉求，第三部门能为政府部门提供决策咨询和参考建议，更好地促进政府的民主行政。同时，第三部门也是政府的重要同盟和民众利益的重要代表，能够很好地监督政府，保障政府能够依法行政。

第五节 公众参与理论

公众参与是指社区居民和其他社会组织参与政治决策的过程，旨在鼓励公众积极参与社区和公共事务的发展，并肩负起相关责任。社区治理中的公众参与是指居民和社会组织在特定范围内合作共同实现社区共治的过程，通过合理途径参与社区公共事务，满足个人和他人的利益需求。未来社区治理的关键特点在于多元共治，参与主体包括居民、企业、社会团体和自治组织等，各主体通过合法途径参与社区发展，共同维护利益，推动社区建设数字化、智能化、共享化和信息化，从而提升基层治理水平，建立现代社区治理体系，实现治理现代化的目标。

公众参与理论认为社会各界利益相关方应该积极参与政治决策，确保决策更具民主性和公正性。该理论认为公众应被视为政策制定的重要参与者，旨在增进政策的民主性、可行性和合法性。强调公众在政府行为和社会问题上应拥有更大话语权，倡导政府更加透明和开放，鼓励公众在政策制定和实施过程中积极参与，以促进更为民主和有效的治理。

第六节 多中心治理理论

多中心治理理论是基于波兰尼提出的"多中心"概念，经过奥斯特罗姆等人的推演而形成的一种新的治理理论。该理论强调政府能力有限，需要在政府和市场之外引入第三中心，形成政府、社会和市场多元共治的局面，成为满足公众需求、提高服务效能的理想治理模式。它强调需要多个权力中心和组织体制来参与公共事务和公共服务治理，具体表现为三个多中心：一是空间层面的多中心，需要破除政府和市场两方参与的陈旧格局，形成政府、市场和社会多元主体共同治理公共事务的多维局面。二是管理主体的多中心，管理主体涉及政府、市场和社会多个主体，这些主体只要在行使权力的过程中能够得到公民的认可，都有可能成为管理主体。三是权力上的多中心，处理公共事务由自上而下转变为上下联动的模式，强调政府、市场和社会的共同参与。多中心体制的特点在于形式上是彼此独立的，通过博弈、协调和合作等互动关系，形成多样化的公共事务管理体制，同时因存在多种决策中心，又在竞争关系中签订各式各样的合约条款，监督彼此的权力和职责，利用核心机制来化解冲突（奥斯特罗姆，2000）。多中心治理理论强调公共事务的治理不是单一的行政规划和命令，而是一个多元化的互动过程，强调政府、市场和社会之间是多方博弈、协商、合作的过程（吴海燕，2006）。

第七节　网络化治理理论

网络化治理理论由美国学者斯蒂芬·戈德史密斯和威廉·埃格斯提出。这种治理模式为多元主体参与公共治理提供了一种结构化的方式，是在理论和实践中探索出的一种有益的公共管理新形式。通过整合政府、社会和公众等各方力量，政府能够实现高效治理。网络化治理理论涵盖以下几个方面。

第一，着重强调多元化的治理主体。网格化治理的核心特征在于多样的治理主体，这些主体在高度公私合作、协同的网络管理能力和先进的网络信息技术基础上，形成了扁平化、协同工作的网络。网格化治理是在治理网络的基础上运作，代表着更高级别的治理活动，同时治理网络则作为网格化治理的应用平台。

第二，资源共享被视作治理的基石。在格里·斯托克看来，治理主体依赖于资源，从而形成相互关联。因此，各治理主体通常根据自身资源进行交锋。鉴于资源的有限性，网格化治理倡导有效整合资源，强调互动合作而不是零和博弈。相较于传统政府管理着重有效利用资源，网格化治理更强调动非组织内部的资源，用以推进公共服务的管理（蒋永甫，2012）。因此，网络化治理是基于多种资源如资金、人力资源、制度、权力、组织、信息等构建的新型治理模式，着重规范资源、技术、能力和策略网格化协作的行为准则。

第三，着重于以实现公共利益为价值导向。社会公共领域是网络化治理的重点领域，因此，网络化治理的终极目标在于促进公共利益和价值的实现（姜晓萍和田昭，2017）。网络化治理涉及公共价值观和公众参与，不仅限于技术层面，而必须坚守公平正义的核心价值，在社区治理过程中明确服务对象的价值导向。

第四，强调协同互动。在当今快速发展的信息时代，公民主体意识更为突出，他们追求展示个性、自由和权利，同时组织之间的界限变得模糊不清，社会价值观呈现多样化，社会矛盾不断加剧，政府治理存在诸多障碍。面对众多冲突与矛盾，传统的官僚体系和服从命令的管理方式日益失效，需要一种更具包容性和灵活性的协同互动机制，使政府角色转变为治理者。这种协同互动机制也在网格化治理中得以体现，其核心是多元治理主体为共同目标而采取协调行动的共同治理过程。协同互动不再是政府单方面制定规则或行使官僚权力，而是基于平等、互助和合作，各治理主体之间相互信任和沟通协调，双方达成共识以实现治理目标。

第八节　数字治理理论

数字治理理论兴起于20世纪90年代，正值新公共管理时期落幕。随着信息技术的飞速发展及其在政府治理中的突出表现，数字治理理论应运而生。其主要代表学者帕特里克·邓利维（Patrick Dunleavy）认为，数字治理理论包括以需求为基础的整体主义、重新整合和数字化变革三大核心内容（Patrick，2006）。

以需求为基础的整体主义是指在精简、合并政府机构的基础之上调整政府组织与公民的关系，并以公民和服务为基础构建一个相对更为灵活的政府。具体包括数据仓库、交互式的信息查询与供给、以顾客或需求为基准的机构、一站式服务与咨询、服务流程再造以及灵敏的政府决策过程。

重新整合是面向官僚组织内部权力的重新塑造，以及社会重新评估政府下放权力的边界，收回部分新公共管理时期下放的部门职能，包括重新整合机构、重建或调整中央政府流程、重新政府化、挤压过程成本、重新设计后勤部门功能服务、采购集中化和专业化、共享服务与网络、协同治理等内容。

数字化变革是在信息技术的影响下，整合原来分割的各政府部门的职责，影响公共部门的组织架构及内部文化，以实现权力结构的重新塑造。具体包括提供电子服务交付、国家指导的集中信息技术采购、自动化流程、非中介化、精细的渠道分流和顾客细分、基于网络的效用处理等内容。

第九节　社会包容理论

从社会学视角看，社会包容和社会整合、社会融合等概念类似。早期社会学家涂尔干认为社会整合是一种内在的凝聚力，可以有效协调社会冲突和矛盾，防止极端事件的发生。随着社会进程加快和信息技术的发展，阶层对立与分化的现象越来越突出，因此出现了社会排斥，它是指将弱势群体排除在经济、社会和文化之外，使之被边缘化或隔离的一种过程，其本质是使个体与组织或社会分离。与之相对立的概念就是社会包容，如何实现社会包容是学界和政府共同关注的焦点。社会包容是指彼此相互尊重，认同社会成员的多样性、复杂性和差异性，做到和而不同。它的出发点是解决所有与社会排斥有关的问题，促进社会的和谐稳定，强调从系统上思考如何构建一个更具包容性的组织或社会，是一种持续性的实践。

随着全球化浪潮的推进，贫富差距不断加剧，学者们逐渐开始关注包容性增长和包容性发展等理念，强调每个人都应承担发展的责任，确保发展内容全面协调，保证发展机会均等，推动发展成果利益共享。数字技术如互联网、大数据、云计算等的快速发展，通过提供更平等的信息获取和交流机会，增强了社会参与，提升了创新能力，推动了共享经济的发展，为社会带来更多的机会和福利，促进了资源均衡配置，促使社会包容理论得到更深层次的拓展和深化。

Chapter 4

| 第四章 |

未来社区治理的国际经验

第四章

未来书图馆的国际合作与发展

未来社区作为城市的基本单元，是市民生活、游憩的主要空间，良好的社区治理直接影响人们的生活质量与幸福感。本章主要以新加坡、日本、荷兰、加拿大的社区为例，探讨这些国家的社区治理经验，以期为中国未来社区治理提供经验借鉴与参考。

第一节　新加坡的多元参与治理

为应对外界各种不确定因素的影响，新加坡主要采取公共组屋的形式为居民提供住房，做到了让新加坡居民居者有其屋，住房拥有率超过80%，是全球第一。截至2020年，新加坡已经建了107万多套组屋单元，住房自有率达到90%。其中约80%的居民住在组屋内，约94%的居民拥有住房产权，剩下的为租客，成为世界宜居城市的典范。2022年4月25日，新加坡建屋局与体育和城市重建局（URA）共同宣布，政府将在花拉公园10公顷的土地上，兴建大约1600个新组屋单位，计划在未来3年内推出出售。

一、种族繁杂、代际多样化的混合居住理念

新加坡早在1989年就颁布了《种族融合政策》，强调混合居住的重要性，必须按照各个种族人口比例来设定住在组屋内的种族人口比例。此外，

还强调家的重要性，在申请组屋时必须以家为单位申请，并且鼓励跨代际申请，早在多年前推出了"多代同购优先"的计划，还专门为年长者提供优先配屋服务，包括适老化和小户型的组屋；为生孩子的家庭提供育儿优先配屋和第三胎优先配屋服务。除此之外，还鼓励邻里之间的交流与互动，底层架空改造为公共活动空间，办理各种组屋活动；提倡老少融入的空间搭配（徐国冲，2017），并且在组屋周边设有相应的生活配套空间，如菜市场、小型超市、托儿所、老人照料室、社区俱乐部等，更好地促进居民之间的融合和交流，提升幸福感和归属感。

二、多元和注重人文的邻里中心模式

新加坡社区服务设施参照新镇规划体系，建设新镇中心、邻里中心和组团中心。在这个体系中，邻里中心非常强调复合性集成功能，服务半径在500米左右，服务人群约2万—3万人（张威等，2019）。例如，淡滨尼天地（Our Tampines Hub）集成文化休闲、医疗卫生、体育健身、养老福利、行政办公、餐饮购物和社区活动等多种配套功能，为社区提供全方位的综合服务，保障全龄段人群的多元需求，有效激发社区活力。邻里中心与常见的商业综合体有较大的区别，更加注重邻里互动的功效，通常是在其中一层设置开放式空间，与多种公益机构或者民众俱乐部合作，鼓励居民开展各种活动，加强邻里互动和加深邻里情感。而且，这种邻里中心不仅仅为本地居民服务，还为其他外来居民服务，比如淡滨尼天地在2018年的时候就曾经举办过300多次活动，接待访客数量高达1800多万人次，访客平均停留时间接近3个小时。另外，邻里中心还充分依托数字化技术，满足居民的多样化需求。例如，淡滨尼天地通过细致的数字分析，考察访客流量、访客人员构成情况、访客线路等信息，结合这些数据有效配置不同的功能性业态和各类活动等，提升邻里中心的功效。

三、鼓励居民参与的规划治理模式

组屋自设计阶段就强调充分征求居民意见，以淡滨尼天地为例，在设计之初用一年时间征询 1.5 万余名居民意见，通过问卷调查、焦点小组等形式了解居民需求，并在后续持续沟通。注重"义工"精神培育，新加坡义工人数占比约为 10%，其中义工组织的专业人员和义工占比约为 3.33%—5%，政府提供经费支持并鼓励志愿者开展活动，部分政府官员也在志愿服务组织担任董事，直接指导并参与志愿服务工作。新加坡政府每年还会为优秀义工颁发总统勋章。

四、建立全周期持续经营和维护机制

为有效应对居民的需求变化和组屋陈旧等问题，新加坡又于 20 世纪 80 年代末推出组屋修复和改善计划，包括翻新计划、重建计划、邻里更新计划、家庭改善计划等。虽然有着一系列的举措，但是该计划并不会让原住民搬迁，在维持原有社群关系的基础上，充分地尊重居民的需求和意愿，系统性、整体性、前瞻性地为组屋居民提供定制化的翻新方案，避免了组屋老化后被大规模淘汰的风险。该计划非常重视组屋居民的参与性，充分尊重居民的意见，一般来说需要超过 75% 的居民同意之后才开始实施。此外，该计划也非常强调组屋更新与片区的综合开发相结合，拆除现有公共住宅，建造多样化和空间更丰富的新型住房，以满足原住民和新移民的住宅需求，促进功能布局的优化，并引领相关产业发展。新加坡组屋修复和改善计划类型和内容见表 4-1。

表 4-1　新加坡组屋修复和改善计划类型和内容

计划类型	适用对象	内容	费用	公众参与
主要翻新计划（MUP）	1980 年之前建造的组屋	修复破损的混凝土表面，增加额外的存储空间，改善厕所等；翻新地面和停车场；改善公共空间	政府负担 75%—90% 的费用，其余由居民支付	75% 以上居民同意方可执行
再创家园计划（ROH）	市中心区域的组屋	结合公众调查设计方案，包括设施升级（如开发自行车道和人行道）、环境改善（如美化垂直花园）、整体重塑（如设置"文化遗产角落"）等	费用均由政府承担	公众参与方案设计
邻里更新计划（NRP）	建于 1995 年之前，两个或多个邻里构成的区块	结合居民需求因地制宜开展，包括楼栋层面的改善（如增设架空层休憩设施、电梯厅重新粉刷等）、邻里层面的改善（如增设有盖连廊、慢跑绿道、健身角、避雨棚等）	费用均由政府承担	公众参与方案设计
选择性整体重建计划（SERS）	老旧组屋	拆除老旧组屋，更新为更高水平的组屋，提供更多样化的公共空间和户型，保留原住民，并为年轻家庭提供住所，重塑社区活力	费用均由政府承担	75% 以上居民同意方可执行
家庭改善计划（HIP）	1997 年之前建成的组屋	包括基本升级服务（管道维护、混凝土修复和电气升级等）和可选升级服务（加装适老化设施、更换入户大门等）	基本升级服务由政府承担；可选升级服务政府补贴 87.5%—95%；其余由居民承担	75% 以上居民同意方可执行

资料来源：Glass M R, Salvador A E. Remaking Singapore's heartland: Suataining public housing through home and neighbourhood upgrade programmes[J]. International Journal of Housing Policy, 2018, 18(3): 479-490.

新加坡作为全球闻名的"花园城市",在城市更新、社区建设、社区治理等方面积累了丰富的经验。新加坡政府秉持以人为本、求真务实的理念,建立了比较完备的社区治理体系,为其他国家的社区治理提供了样本。

首先是求真务实,明确目标与重点。新加坡曾经面临着比较严重的住房问题,平均每户家庭的居住面积不到一间房,居民条件比较艰苦,这是政府需要着力去解决的问题。为了改变这种现状,沿袭"居者有其屋"的观念,新加坡推行了组屋计划,主要由政府出资建房,然后给予居民适当的补贴和优惠。此后,各种组屋式的社区开始如雨后春笋般出现,解决了民众住房困难的问题,形成了新加坡社区治理的基石。除此之外,新加坡政府还非常具有战略性眼光,求真务实,提前做好社区规划和各项功能服务。以组屋为中心,在其周围配建居民所关心的衣食住行、教育、医疗等配套设施,如公共交通网点、菜市场、休闲娱乐场所等,给居民的生活带来了极大的便利性。

其次是主动探索,追求效率和创新。一是更新治理观念。一方面,为了缩小贫富差距,新加坡政府采取混合居住的理念。在每一个片区里既有政府提供的公共组屋,又有社会公寓,两种住宅交错分布,可以有效地促使贫富居民之间的融合,减少贫富差距。此外,还可以充分发挥组屋各种公共配套设施的外溢效应,使得社会公寓和公共组屋的居民可以同时享有这些公共配套服务,提高其使用效率。另一方面,新加坡积极推行多种族聚居的和谐理念,促进种族间的融合。整个居住片区的规划强调不同种族按照人口比例混合居住,彼此建立信任,为各个种族之间的沟通创造了非常好的环境,有效地减少或者避免了种族之间的矛盾和冲突,促进各种族之间的融合。二是创新各种治理方式和手段。新加坡政府通过建设智慧社区，在社区中开展智慧治理，为广大居民提供安全舒适、优美便利、数字可控的社区环境，满足居民多样化需求，实现社区信息共享。例如，在组屋内修建智慧停车场，安装电子监控系统；在邻里中心安装智慧电扇；通过智能服务端口建立电子政务系统，让居民可以享受税务办理等各种便利服务，让居民体验到很强烈的参与感。此外，整个新加坡的社区配套服务设施都是由政府来进行相应规划，并交给专业公司进行后期运营和维护，政府主要负责监督和验收，大大提高了工作效率。

最后是强调以人为中心的多元化治理理念。治理理念是高度导向的行动指南，指导着后期的治理行为。新加坡的社区治理非常强调以人为中心，强调居民的参与感。例如，在组屋用地规划方面，大约 33% 的土地用于居住或与居住相关的配套设施建设，大约 33% 的土地用于商业规划，剩余的土地用于与生活密切相关的配套设施建设，包括道路、学校等。在对组屋的设计上，也充分考虑了居民之间的交流与互动，为了促进居民融入社区，组屋的其中一层会改为架空层，用作居民的公共空间，或改造成邻里中心，或改造成店铺，还有相应的连廊设计，连接各居民户的楼梯和电梯通道，方便居民之间走家串户。在组屋后期的建设和维护方面，当人们需要商议组屋的修缮、环境绿化、更新改造等各种重大建设事项时，都会组织社区居民参与投票，一般需要超过 75% 的居民通过投票才可以实施，充分体现了居民的参与感，也满足了社区大部分居民的需求。

综上所述，新加坡的社区治理采用政府主导的多元化治理模式，充分调动社区居民和社会团体的积极性，巩固了党建基础，提升了社会凝聚力，促进了社会和谐稳定。

第二节 日本的混合型社区治理

日本的城市社区治理也体现出混合式治理特征，政府主要职责是为社区建设和发展提供规划、指导和经费资助，并依靠民间自治组织来进行实际管理。日本的社区管理以地域为中心，地域类似于我国的街道，它的管理机构就是地域中心。地域中心作为当地的行政管理机构，职责权限非常明确，主要就是对地区事务进行管理以及为本地居民提供服务，职能相对比较单一，没有与其他部门进行职责交叉重叠，能够很好地专注于本身的职责。此外，对于社区的发展和管理，地域中心则会联合社区的其他社会团体和组织，在工作上分工协作，为社区自治管理提供了更大可能性，更有利于基层的社区治理改革。

同时，我们也必须认识到地域中心的本质是政府的相关职能部门，并不能完全代表广大居民的利益。在此种情景下，日本社区居民自发形成了一种团体服务，称之为住区协议会，它完全是按照居民意愿自发形成的一种群众性自治组织，主要职责就是协调和制衡地域中心的工作，这种自治组织符合了居民的需求，让居民能充分参与其中，也能够很好地引导政府计划朝着居民需求方向迈进，是比较好的一种管理组织。从这种住区协议会制度可以看出，日本的社区治理采用混合模式，由政府的地域中心和民间的住区协议会组成，二者各司其职，协同推进，最终目标都是服务于民，共同维护社会的和谐稳定。日本社区管理模式存在如下特点。

一是政府主要职责是指导、监督和支持。在日本城市的社区管理中，政府和社区工作有一部分是分开的，政府主要负责监督指导，同时为社区提供相应的建设资金。在整个政府系统中，地方政府自身也设有相应的社区建设委员会和自治机构，这些机构就具有一定的管理职能。此外，政府还负责为日本的社区建设提供资金支持，但是在资金的使用上有明确的规定，需要严格按照相应的财务制度和规定来执行和办理。

二是整个城市的社区管理强调民主和自治。政府主要是间接参与社区管理，多数是依靠居民参与自治。政府设立的地域中心主要职责是负责收集居民的地域管理意见，以及对各种市民活动和民间组织等给予一定的经济和社会支持。

三是社区管理强调以人为中心。前期规划、资金投向和机构设置等，无处不体现出人本思想，对社区里的一老一小和残疾人非常关心和重视，配建了各种相应的配套设施和服务设施。各级区政府和社区管理中心还设置防灾标识和各种比较醒目的提示牌，并开展演习活动等。

第三节　荷兰专为年轻人营造的自治社区

中国大城市的年轻人面临严峻的住房问题：房租占收入比例较高，导致其余支出锐减，生活质量下降；买房首付成为最大难题甚至需要"六个钱包"（全家的财力）；城市保障住房倾向最低的收入人群，大部分年轻人无法达标。荷兰的年轻人也遇到了同样的住房困境。位于首都阿姆斯特丹的住房项目 Startblok Riekerhaven（简称 Startblok）回应了这个问题。

Startblok 是位于荷兰首都阿姆斯特丹新西边（Nieuw-West）的一个租赁住房项目，主要目标群体是荷兰当地的年轻人和年轻移民。为了鼓励荷兰年轻人与移民有更多的交流互动，Startblok 中荷兰人和移民的居住单元被充分混合。Startblok 具有以下特点。

一是非营利性组织作为主要发起人。Startblok 的主要发起人是荷兰德凯住房协会（简称德凯），是荷兰最早的住房协会之一，属于第三方非营利性组织，成为荷兰提供房屋的主体。荷兰住房协会的资金来源主要是房屋收益（租金等）和贷款。为了降低融资成本，中央住房基金、社会住房担保基金及中央、地方政府的担保在其中起到关键作用。所以，住房协会虽然不受政府直接资助与管理，但是其运营依靠了强有力的政府信用，并不属于纯粹的市场行为。因其非营利性的属性，机构的所有盈利都需要再投入社会住房中，用来关注和解决年轻人、老人和低收入群体的住房问题。除了德凯之外，阿姆斯特丹市政府也是 Startblok 的发起人。

政府在与德凯的协商中，明确表示不希望建造一个单纯的难民聚居地，因为这会使难民更加难以融入荷兰。于是阿姆斯特丹当地年轻人和年轻移民混居的概念正式被提出，后续在 Startblok 得以实施。擅长于推动年轻人社区自治的 Socius Wonen（一家为年轻人提供住房的公司），是德凯在 Startblok 进行社区管理的重要合作者，擅长将闲置的办公楼改造为年轻人的住房。Socius Wonen 开发了一套针对年轻人的系统，将年轻人的居住需求定义为：经济实惠的房间、干净的环境、好相处的室友、方便的位置和快速的网络。Socius Wonen 为 Startblok 带来了成熟的年轻人社区管理经验，使租户自治成为 Startblok 的重要元素。

二是自我管理。自我管理模式是 Startblok 的一大特色。在该管理模式下，租户有权利和义务去制定和实施有利于塑造社区友善氛围和加强社区凝聚力的规章。在 Startblok 的自我管理模式中，内容分为两个部分：社会管理和一般管理。前者旨在创造并保持舒适、清洁、安全和宜居的环境，后者则关注每天的日常事务管理，比如招募和选择新租户、维护社交媒体账号、协调社交活动。

在总协调人的指导下，12 名租户组成了核心团队，负责实施 Startblok 的自我管理。他们分别担任社会管理员、社区发展管理员、行政管理员、公关经理和住房维护员，他们为 Startblok 工作可以获得报酬。同时，该管理团队还有 5 名志愿者负责组织各种活动。另外，每条走廊都有两名小组管理员（一名难民租户和一名荷兰租户）负责保障租户居住环境的清洁和安全。

三是自我组织。除了自我管理模式，Startblok 还有一个特色就是自我组织。租户可以自发组织运动、烹饪、游戏、电影、音乐等活动。所有租户每个月的租金中有 1 欧元是贡献给社区活动的。租户还可以组建自己的委员会或俱乐部（类似于大学的社团），以便更频繁地开展活动，自我管理的核心团队为这些活动提供帮助和支持。

租户在管理团队的协助下，自筹资金修建了一个专属于 Startblok 的户外活动基地。每个月都会有租户自发组织活动。除了户外的烧烤、音乐派对等，还有很多室内活动，如电子游戏比赛、电影之夜及教难民学习荷兰语，以便他们更好地融入荷兰的"语言咖啡厅"活动等。很多想要申请到 Startblok 居住的年轻人，正因为参与了这些活动，才得以更进一步了解社区氛围。

由于 Startblok 是针对年轻人的短租项目，租户最多只能租住 5 年，而且这个项目场地租期只有 9 年，所以，Startblok 未来的发展如何，尚未可知。但 Startblok 对租户自治模式的探索，回应了大城市年轻人住房困境，具有重要的现实意义。

第四节　加拿大的集成式未来社区治理

　　加拿大 Quayside（码头区）位于多伦多市中心的东南滨海区，是一个后工业区，占地面积超过 325 公顷。Quayside 连接了国会大街、皇后码头、樱桃街等多个主街道，可以通往东部海滨，是重要的海路连接点。该区域是由谷歌旗下的智能城市子公司 Sidewalk Labs（人行道实验室）与多伦多政府合作共同打造的新型混合利用的未来社区，让科技服务于多元化的群体（居民、工作者和访客），提供高品质的生活和舒适感。该社区具有如下典型特征。

　　一是通过数据系统，实现城市空间的交互。物质空间涉及建筑、交通、基础设施和公共空间四个方面，该社区将科技数据渗透到这四大核心物质空间中，用数据来感知整个社区系统，实时收集这些空间的相关数据，依托数据系统实现城市物质空间的交互，改善社区治理。

　　二是建设智慧社区健康服务，提升社区居民的幸福感。健康是居民关注的重点，也是社区重要的驱动力和关键点。建设健康社区需要配备完善的基础设施和医疗服务。Quayside 则构建了一个包括社区会客厅、放松空间、健康图书馆、活力药铺、健康诊所和快闪店铺等设施的社区服务系统，命名为"Care Collective"。从该系统的构建来看，不仅囊括了居民自身的身心健康，还包括了整个社区的健康打造。该服务系统还引入了"数字中枢"的理念，包括数字健康助理、生活健康记录、社区匹配平台和社区健康面板四大核心服务，能够持续观测和记录居民的身心健康，为居民提供个性化的定制服务，让居民之间能够互帮互助，帮助规划者、服务提供者和社区组织等更好地理解社区需求及困难，真正提升社区的整体健康和居民的幸福感。

三是布局邻里中心，构建邻里互助的社区网络。Quayside 通过布局邻居中心向社区提供健康关怀服务。邻里中心围绕便利、健康、快乐三个方面，重点构建大健康产业体系，打造社区关怀网络。

"Care Collective"系统在邻里中心设计了六种社区健康空间类型，其中邻里中心的一层包括社区会客厅、充满活力的药店和快闪店铺，二层包括健康图书馆、健康诊所和放松空间。社区会客厅主要是放松的聚集场所，居民可以在此休闲和娱乐。充满活力的药店则是集药房、咖啡店和授课室于一体的活动空间，提供个性化的医疗健康服务和专业指导。快闪店铺则是一系列健康快闪店铺，可以在此实验新的想法，把灵感拓展至其他地区。健康图书馆则是一种新型的图书馆，除了图书外，还提供数字化资源、面对面咨询等服务。健康诊所的布局非常温馨，类似心理治疗室，促进患者、护理师和医疗服务提供者之间的交流。放松空间则是创造了充满自然元素的空间，让访客能够全身心放松。

第五节 未来社区治理的国际经验启示

精细化、智慧化和合作化治理模式是未来的发展方向。精细化治理的前提是真正满足群众需求，围绕教育、就业、医疗、养老、住房、交通等实事，从职能承接、权力界定、服务理顺等方面推进社区"清单式"精细化治理。智慧化治理方面，基于"互联网+"信息技术，依托智慧服务平台，推进政府、市场和社区互动协商、共享服务，提升治理水平和治理效率。合作化治理强调多元主体的共同协作，搭建共享服务资源、及时反馈信息的渠道，通过协商满足不同主体的利益诉求，达到需求供给平衡，以增强社区凝聚力、增进社区整体利益最大化和实现可持续发展。

国外每个国家的社区治理模式都具有一定的政治色彩，社区治理模式的形成与各地的经济、政治、文化等背景具有高度关联性。虽然各个国家的治理模式都各有千秋，但是我们还是可以从新加坡、日本、荷兰和加拿大的社区治理模式的共性中，找到国外社区治理模式上值得我们借鉴的经验。

一、坚持政府的主导地位

社区建设的核心就是要健全社区组织管理体系与机制。我国坚持以中国共产党为领导，在这样的领导体制下，就需要社区以党建为引领，加强社区党组织建设，逐步建立适合中国国情、具有中国特色的社区组织，强调在党的领导下实现居民自治。党的领导在社区管理中起着非常重要的作用，社区管理也对党建工作起到促进的作用。党应该采取一些诸如法律、经济和民主等非行政措施来确定其在社区管理工作中的核心地位。社区建设也应该因地制宜，结合当地社区的实际情况，完善社区网格化管理，扎实推进社区党建工作，促进社区和谐发展。处于指导地位的社区党组织更应该充分发挥主观能动性，顺应民意，加强与居民的沟通互动，凝聚基层党组织的力量，为人民群众办实事、办好事，同时也需加强自身的数字修养学习，提升数字技能，真正做到社区的数智化高效治理。

二、社区治理主体的多样化和丰富化

一方面，社区治理工作不能仅仅依靠政府和社区组织，依靠党建力量，还需要团结各方主体，包括非政府组织、社会团体组织和社区居民，他们都应该是社区治理的共同体和核心主体，强调社区治理主体的多样化和丰富化。另一方面，在社区治理主体日益丰富化的今天，各种主体的职责权限也要界定明晰，比如政府在社区治理中充当的角色主要是规划者和指导者，对社区的建设和维护给予一定的经费支持。而社区组织无论是官方的还是非官方的，主要职责都是充分收集和反映社区居民的意见，负责具体实施以实现社区发展，在政府和居民之间起到很好的协调和沟通作用。非政府组织和一些私营企业则从原来单一地提供社区服务转变为社区事务的管理和参与，在引领社区居民和社区服务上起到了对前述政府和社区组织的良好补充作用。最后，社区居民是社区当中最为核心的力量，整个社区治理都是围绕着这些居民在开展。因此，如果他们能积极参与社区治理，加强与邻里、政府和社区组织的互动，最终将是最大的受益者。综上，每个治理主体都各司其职，各自的职责权限也非常明晰，这样就不容易产生矛盾和纠纷。政府在其中的职能就不再是原来的强行干预，已经转变为规划指导、资金支持和项目组织等，对社区发展大有裨益。随着越来越多的主体参与其中，社区的发展形态和发展种类也会更为丰富，会形成各具特色的社区治理模式。

三、加强民间组织的培育和支持

民间组织在社区建设和服务中的作用不可小觑，我们应该充分发挥民间组织的号召力和作用。一方面，民间组织可以为社区居民提供成本相对低廉和效率更高的公共物品；另一方面，民间组织还可以为居民提供个性化、多样化的服务，可以帮扶社区的困难居民户，增进社会福利和公平感。

但与此同时，民间组织自身也存在一定的问题，比如居民对民间组织的信任程度不高，使得民间组织参与社区管理和服务十分有限。在这样的形势下，政府应该大力支持民间组织的发展和壮大，依托党的领导，支持建立形式种类繁多的各类民间组织，积极引导民间组织开展各类社区活动，丰富社区居民的生活和娱乐。在大力支持民间组织发展的同时，还要不忘对这些组织进行有效的监督和管理，充分发挥民间组织的效能，促进社区资源的整合和社区高效发展。社区作为居民生活最为核心的要素，资源供给系统将会越来越复杂，政府部门、民间组织、社会组织和私营企业等主体互利共生、多元共存。社区治理也会越来越依赖各种主体的相互协作与制衡，已经逐步转变为多元主体的共同治理模式。

四、加强居民的互动参与

虽然各个国家的社区治理模式千差万别，各有千秋，自治水平也存在显著差异，但是社区自治一直是各个国家社区治理和发展共同追求的价值理念和导向。社区居民作为社区治理的主体之一，是社区建设和发展的主要参与者，参与社区治理也是他们维护自身权益和满足自身需求的重要手段。从微观层面来说，社区自治模式能够提高自身家庭和社区居民的整体生活质量，节约社区管理成本，提高社区服务效率，改善邻里关系，增强居民的参与感、幸福感和满意度；从宏观层面来说，社区自治模式可以促进社区变革，推动社区更新和发展，促进整个城市更新。社区居民通过参与社区事务，参与社区活动，为社区发展建言献策，真正成为社区公共事务和公共决策的参与者，也成为社区改善的监督者，居民在社区发展和更新中的地位会随着整个社会的发展越来越重要。

Chapter 5

| 第五章 |

浙江省未来社区建设情况与治理经验

浙江省未来社区建设在尊重历史肌理和文脉传承的基础上，将以人为本作为核心理念，为社区居民打造具有归属感、舒适感和未来感的新型城市功能单元。"记得住过去，看得见未来"的生活社区，才能使居民真正住有所依、居有所乐。本部分首先介绍浙江省未来社区建设情况，然后重点以杭州萧山瓜沥镇七彩未来社区、杭州上城杨柳郡未来社区、杭州滨江冠山未来社区、杭州城西科创大走廊全域未来社区、绍兴上虞鸿雁未来社区、金华山嘴头未来社区、衢州高铁新城鹿鸣未来社区、温州雅林未来社区、嘉兴双溪湖超级未来社区为例来解析浙江省未来社区治理经验。

第一节 浙江省未来社区建设情况

2019年，浙江省在全国率先开展了未来社区的试点建设工作，并将未来社区定义为围绕社区全生活链服务需求所打造的具有归属感、舒适感和未来感的新型城市功能单元。作为"新浙江现象"中的一项重要探索，未来社区历经多年的实践开拓，已经涌现出大量未来社区创建项目，本书重点分析2019年9月至2023年3月浙江省未来社区建设情况。其中第一批未来社区数量为24个，第二批未来社区数量为36个。与前两批未来社区相比，后续批次未来社区数量大幅增加，第七批未来社区数量达到480个，未来社区建设呈全面铺开态势（各阶段未来社区数量对比趋势见图 5-1）。浙江省未来社区实践无疑已经走在了全国前列。

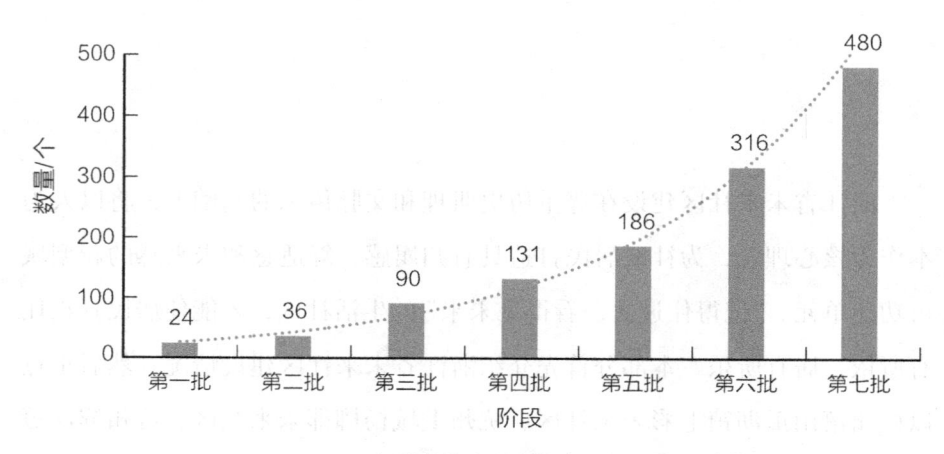

图 5-1 各阶段未来社区数量对比趋势

第一批未来社区共计 24 个，其中改造更新类 21 个，规划新建类 3 个。第二批未来社区共计 36 个，类型更加细分，包括改造更新类 31 个，规划新建类 3 个，乡村类 1 个，全域类 1 个。第三批未来社区共计 90 个，包括整合提升类 40 个，拆改结合类 27 个，拆除重建类 17 个，规划新建类 4 个，全域类 2 个。整合提升类和拆改结合类是第三批未来社区创建时新增的类型，其中整合提升类占比最多。这两个类型也是 2021 年政府重点支持项目，是重塑社区活力、传递时代气息的重要实践。第四批未来社区共计 131 个，其中新建类 31 个，占比 23.66%，旧改类 100 个，占比 76.34%。宁波是第四批未来社区数量最多的城市，未来社区数量达到 35 个，其次为杭州 23 个，温州 17 个。与前三批项目不同，第四批未来社区创建类型划分单一，仅分为新建类和旧改类，以旧改类居多。第五批未来社区与第四批创建类型相同，仅有新建类和旧改类两种，共 186 个，其中旧改类 173

个，占比为93.01%；新建类13个，占比仅为6.99%。第六批和第七批未来社区创建类型从原来的新建类和旧改类改为引领型和普惠型。在第六批未来社区中，引领型占比为35.44%，普惠型占比为64.56%。在第七批未来社区中，引领型占比为22.08%，普惠型占比为77.92%。从第五批到第六批、第七批的创建类型转变，可以发现浙江省政府大力扶持普惠型未来社区的发展，充分体现以人为本的核心理念。各阶段未来社区类型和数量对比如表5-1所示。

表5-1　各阶段未来社区类型和数量对比

未来社区批次	类型	数量/个	占比/%
第一批（24个）	规划新建类	3	12.50
	改造更新类	21	87.50
第二批（36个）	规划新建类	3	8.33
	改造更新类	31	86.11
	乡村类	1	2.78
	全域类	1	2.78
第三批（90个）	整合提升类	40	44.44
	拆改结合类	27	30.00
	拆除重建类	17	18.89
	规划新建类	4	4.44
	全域类	2	2.22
第四批（131个）	新建类	31	23.66
	旧改类	100	76.34
第五批（186个）	新建类	13	6.99
	旧改类	173	93.01

续表

未来社区批次	类型	数量/个	占比/%
第六批（316个）	引领型	112	35.44
	普惠型	204	64.56
第七批（480个）	引领型	106	22.08
	普惠型	374	77.92

从创建类型来看，第一批未来社区包括改造更新类和规划新建类，第二批未来社区新增乡村类和全域类，第三批未来社区创建类型全面更新为整合提升类、拆改结合类、拆除重建类、规划新建类和全域类，第四批和第五批未来社区包括新建类和旧改类，第六批和第七批未来社区包括引领型和普惠型，可以看出浙江省未来社区创建类型从单一化逐渐向多元化转变，最后逐渐向新建类和旧改类、引领型和普惠型聚焦，并且在实际的应用中不断细分和贴近社区实际。从未来社区的创建至今，浙江省一直都在重点支持旧改类和普惠型未来社区的创建，这与城市更新、存量延续与发展、以人为本的理念不谋而合。从未来社区创建名单来看，建设未来社区的目标之一是基本完成2000年底之前建成的城镇老旧小区的改造工作，因此，老旧小区改造是未来社区的重中之重。随着未来社区建设的推进，"一老一小"改造场景逐渐成为未来社区建设的核心内容。

从区域分布来看，创建项目分布于浙江11个地级市（各阶段未来社区区域分布具体数量如表5-2所示，各阶段未来社区区域分布对比如图5-2所示）。第一批与第二批共计60个试点项目，分布于浙江各地级市。其中，杭州、温州、金华、台州试点申报数量较大，杭州数量最多，有11个试点项目。在第三批未来社区中，杭州、衢州、宁波创建数量位列前三，杭州作为创建数量最多的城市，共涉及22个未来社区创建项目。在第四批未来社区中，宁波形成了赶超之势，遥遥领先于其他城市，共有35个试点项目，其次是杭州。在第五批未来社区中，创建数量排名前三的依次为杭州、宁波和湖州。在第六批未来社区中，创建数量排名前三的依次为杭州、嘉兴和宁波，在第七批未来社区中，创建数量排名前三的依次为杭州、台州和宁波，杭州相比于其他城市，创建数量遥遥领先。

表 5-2　各阶段未来社区区域分布具体数量

单位：个

批次	杭州	湖州	嘉兴	金华	丽水	宁波	衢州	绍兴	台州	温州	舟山	总计
第一批	7	1	1	3	1	2	1	1	2	4	1	24
第二批	4	3	4	4	4	2	1	4	5	4	1	36
第三批	22	5	5	6	6	10	13	5	7	9	2	90
第四批	23	10	9	9	2	35	8	8	9	17	1	131
第五批	33	23	10	10	14	28	11	19	9	19	10	186
第六批	58	15	58	28	11	55	14	20	29	25	3	316
第七批	105	38	49	50	9	53	16	41	57	37	25	480
总计	252	95	136	110	47	185	64	98	118	115	43	1263

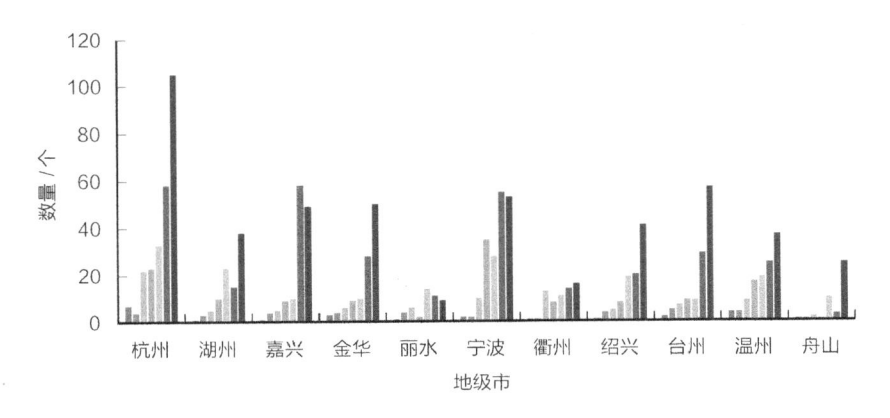

图 5-2　各阶段未来社区区域分布对比

浙江省各地区的第四批至第七批未来社区创建数量明显高于前三批。其中，杭州作为浙江省省会城市，在未来社区的发展上，一直走在全省前列，截至2024年8月，杭州市已累计开展未来社区创建项目480个，省级未来社区466个，受益居民超过410万人，未来社区创建数量、已建成数量、全省共同富裕现代化基本单元"一老一小"服务场景数量、街道全域类未来社区试点数量、引领型未来社区数量和城镇社区专项体检评价指数均在浙江省11个地级市中排名榜首。宁波作为浙江省副省级城市以及上海大都市圈重要城市，对未来社区的重视程度也是相当高，仅次于杭州，第一批至第七批未来社区试点项目数量共计185个。嘉兴因为毗邻杭州，有较强的虹吸效应，因此对未来社区的创建也是非常重视，位列第三，第一批至第七批未来社区试点项目数量共计136个。杭州和宁波等城市的财政收入和支出都显著高于其他城市，因此，这些城市未来社区的建设数量较多。相比之下，衢州、丽水和舟山等城市相对财政实力较弱，导致未来社区建设进程相对缓慢。

对未来社区而言，2021年是快速发展的一年。浙江省按照"一统三化九场景"的内涵要求，将未来社区建设工作全面铺开，工作机制、政策体系、标准体系也得到了进一步的优化完善。2023年起，浙江省全域推进未来社区建设，明确到2025年，要创建1500个左右的未来社区，到2035年基本实现未来社区全域覆盖的目标。全省各地市积极开展未来社区创建工作，快速开拓了未来社区市场经济的发展。未来社区发展取得了较好的成绩，受到了群众的广泛关注，越来越多的社区注意到了未来社区这一新兴模式，今后，未来社区将逐渐发展为未来城市的重要基础，真正成为人民美好生活的基本单元，助推房地产高质量发展模式的转型。

第二节　杭州萧山瓜沥镇七彩未来社区治理

一、杭州萧山瓜沥镇七彩未来社区基本情况

杭州萧山瓜沥镇七彩未来社区是浙江省首批 24 个未来社区试点创建项目之一。该社区地处瓜沥镇新区核心地块，总投资 44 亿元，规划单元面积约 79.21 公顷，实施单元面积约 40.34 公顷。区块内功能配套完善，交通区位优势明显，距杭州市主城区车程 30 分钟，距杭州萧山国际机场车程 15 分钟，距杭甬高速瓜沥出口车程 5 分钟。社区将实施单元分为四个区块：A 区块（53 亩）已经完成建设并投入运行，具有七个场景雏形，其中的交通场景 TOD（公共交通导向型开发）公交综合楼已经成为土地综合利用的示范样板；B 区块（70 亩）为创新型产业用地，拟引进数字创新产业，工程桩基工程已完成；C 区块（115 亩）为商住用地，主要部署人才公寓及商业配套，企业已完成签约、方案评审、征迁及挂牌等工作；D 区块（367 亩）为原有小区，主要由一个安置小区及三个住宅小区组成，将全面实施未来社区配套提升改造。杭州萧山瓜沥镇七彩未来社区概貌如图 5-3 所示。

图 5-3　杭州萧山瓜沥镇七彩未来社区概貌

资料来源：永进.未来社区样板：杭州萧山瓜沥七彩社区，构建"以人为本"数字社区，打造"固若金汤"、"无微不至"、"空巢不空"和"向往的生活"四大特色场景[EB/OL].(2021-05-25)[2024-08-20]. https://www.smartcity.team/cases/smartcitycases/%e7%93%9c%e6%b2%a5%e4%b8%83%e5%bd%a9%e6%9c%aa%e6%9d%a5%e7%a4%be%e5%8c%ba/.

二、杭州萧山瓜沥镇七彩未来社区治理经验

七彩未来社区的 A 区块是其核心引擎项目，将公共服务、智慧治理、交通出行、创新创业、邻里共享、文化教育、运动健康等七个场景内容高度融合，并浓缩在 53 亩（约合 10.6 万平方米）的一站式社区邻里综合体当中，以步行 10 分钟的距离为半径，覆盖全社区。通过各楼层的连廊，可方便抵达图书馆、文化客厅、公共服务中心、创业工作室、商业街，一站式满足办事、文化、购物、运动、娱乐、康养等多方面需求。居民可以在这里享受到 24 小时服务、365 天无休办公的社区智慧公共服务，还可以就近办理社保、医保、市民卡、违章处理等与民生密切相关的 261 个事项。

已经落地的"沥未来"·七彩公共服务中心，设有 24 小时自助服务区，实现社保办理、个体工商户年报、房产自助查询、交通违章自助缴款等自助服务。另外，服务中心设有文件提交柜台。哪怕是在半夜，社区居民如果有很紧急的纸质文件要交，就可以把文件放进柜台。第二天，就会有工作人员帮忙递交材料。

在智慧治理中心，"沥未来"·七彩公共服务中心上线了一块名为"瓜沥新城镇智慧管理平台"的大屏幕。智慧管理平台是以 3D（三维图形）建模为基础，以"三化九场景"为核心，结合人工智能技术应用所建立的数字社区的运维平台，瓜沥镇当日受理游客数、停车场状况、出租房数量、水电使用情况在平台上一目了然。

如果说便捷智能的生活圈是提升社区居民美好生活获得感的基础，那么文化则是凝聚社区居民的灵魂。萧山瓜沥镇七彩未来社区整合了广泛的文化产业生态圈资源，通过政企互动、全民参与的形式，以"文化客厅"为载体，组建社团和线上社群，将社区居民紧紧"黏合"在一起。

七彩未来社区融合了新加坡新市镇理念，以四大创新举措为抓手，以三大优势场景为蓝图，加大项目谋划力度，强化要素保障力度，在邻里中心土地混合利用、TOD 立体公交开发模式、数字创新产城一体化、在地文化传承发展等方面进行创新的探索和实践，形成了"政企携手、居民共绘"的典型模式，为都市圈中小城市和卫星城镇提供广泛的、可复制的产城和城乡双融合未来社区"杭州样板"。该模式还被复制到了临平七彩星社区中心、闲林七彩汇社区中心，立足民生服务综合体定位，使"七彩经验"辐射全杭州市。

第三节 杭州上城杨柳郡未来社区治理

一、杭州上城杨柳郡未来社区基本情况

杭州上城杨柳郡未来社区位于杭州市上城区彭埠街道艮北新城内,规划单元约65公顷,建筑面积82.47万平方米,住宅数为53幢,共有居民4756户,总人口约1.5万人,其中"80后"居民群体占比超过60%,是一个极具活力和年轻的城市社区。作为杭州第一个TOD地铁上盖项目,该社区紧邻杭州地铁1号线的七堡站,地下一层、地上三层,是住宅、商业、教育一体化的综合体社区(杭州上城杨柳郡未来社区概貌如图5-4所示)。2021年5月,该社区被纳入浙江省第三批未来社区创建试点中的整合提升类未来社区。

图5-4 杭州上城杨柳郡未来社区概貌

资料来源:杭州市上城区杨柳郡社区 [EB/OL].(2021-12-17)[2024-08-30].https://www.zj.gov.cn/art/2021/12/17/art_1229514422_59176194.html.

二、杭州上城杨柳郡未来社区的创建优势

杭州上城杨柳郡未来社区按照"共建共享共富裕、好街好邻好生活"的核心理念，打造具有青春活力的美好杨柳家园。该社区创建具有几大核心优势。

一是紧邻地铁，交通安全便捷，直达城市中心。杨柳郡未来社区紧邻地铁1号线的七堡站，地铁A、B出口就在社区内部，D出口在九和路，毗邻社区的商业中心，社区居民从家门口与地铁站之间的往返时间仅在10分钟内，交通非常便捷，慢行系统也非常完善，便于居民出行和日常通勤。

二是采用TOD开发模式，充分挖掘现有空间资源，实现土地有效利用。未来社区建设要求集约高效利用空间，在很多未来社区的创建过程中，空间非常紧张。而杨柳郡未来社区作为国内最大的地铁上盖综合体之一，与地铁1号线的七堡站无缝衔接，地下空间总建筑面积可达60万平方米，包含商业、仓储、人防、停车场、上盖物业开发等综合元素，充分实现土地的高效集约利用。

三是社区拥有相当完善的配套设施，包括商业配套、服务配套和公共教育配套等。杨柳郡未来社区拥有5900多平方米社区配套用房、4万平方米商业用房、2个市政公园、2所幼儿园、1所小学、1所养老中心及1个智慧健康站，有能力打造未来社区的各种服务场景。内设儿童游乐空间，将学校和幼儿园置于社区的整体环境中，可以很好地实现家校互动与家孩互动，为居民提供便捷的教育服务。除此之外，该社区隶属于绿城集团，属于高品质社区，其物业服务在业内口碑良好。与其他未来社区相比，杨柳郡未来社区已进入运营服务阶段，交由绿城未来数智公司主管运营。自

创建以来，接待过多位省市领导和多个部门的参观和考察，成为众多未来社区创建和学习的典范。

四是社区居民年轻化趋势明显，为社区增添活力和未来感。杭州上城杨柳郡未来社区由于年轻群体居多，所以在社区规划和设施设计上具有前瞻性，比较注重现代感和创新性，为社区增添了不少活力。

三、杭州上城杨柳郡未来社区治理经验

按照未来社区的创建标准，杨柳郡未来社区从"10分钟生活圈"角度，进行整合提升，智慧服务平台实现了"一屏知全域""一网管全局"和"一键式发布"。积极推进数字社会多跨应用场景落地。聚焦数字化在未来社区建设过程中如何落地规划整体架构。一方面，服务入口和九大应用场景以及5A[①]系统等端侧设备是清晰的；另一方面，做好数字化的需求支撑，包括数据的采集、归纳、融合和联通，设备的连接与控制，应用的支撑与运行。杨柳郡未来社区的特色场景，主要体现在智慧医疗、社区文化、邻里参与和数字治理几个方面。

智慧医疗。一是"线上+线下"，提供智慧医疗服务。与邵逸夫医院共建"云诊室"，链接国际化专家资源。配备集成化验室，通过5G网络实现心电和B超远程会诊，省市优质医疗资源下沉为居民提供智慧健康一站式医疗服务。二是"共性+个性"，实施智慧健康管理。上线3.0版未来健康屋，提供24小时自助检测。家庭医生为居民建立健康档案3788份，通过

[①] 5A包括办公自动化（office automation，OA）、通讯自动化（communication automation，CA）、消防自动化（fire automation，FA）、安保自动化（security automation，SA）、楼宇自动控制（building automation，BA）。

"家庭好医"App（移动应用程序）、智能中医诊断系统，形成居民自我管理与家庭医生指导下的健康管理闭环。三是"纵向＋横向"，共保多维健康生活。聚焦重点群体高频需求，依托居民电子健康档案系统，融合卫健、教育、民政等部门数据，实现业务协同。着眼儿童健康，实现儿童健康"早筛查，早评估，早干预"管理。着眼老年照护，强化功能性训练，降低照护风险。

社区文化。一是打造文化地标。打造社区客厅，着眼共治，使用规则、日常运营维护均由居民主导；着眼智治，将线上场馆预约、评价等与积分银行结合。发展"WE爱好圈子"，集成活动资讯，挖掘培育社区文艺骨干，整合图书、听书等数字资源5万余个，增强社区文化活力。二是聚焦文化认同。依托"红色十二时辰"智慧党建应用场景，盘活社区各类阵地资源。运用"家关注"开展"社区意见人"评论，引导正确价值观；通过社区达人、最美人物，讲好"家故事"。三是彰显文化共治。社区"邻里帮"与志愿浙江数据互通，实现邻里需求与志愿服务精准配对。部门资源赋能"WE志愿小站"，吸纳70多家商铺和居民共享空间成为志愿服务阵地，提供20项高频便民服务，让邻里互助形成风尚。

邻里参与。无论是城市老旧小区改造，还是未来社区创建，居民参与都起着至关重要的作用。杨柳郡未来社区在社区党委和街道的引领和支持下，创新党建工作，协同多方资源，组织党员先锋骨干、党建联盟单位、物业、业委会等专业力量、商圈和居民等多方主体，依托约822平方米的邻里客厅，通过定期或不定期开展阅读、亲子游戏、艺术培训等公益性活动，满足社区居民日常休闲、文化和娱乐等公共服务的需要。此外，为激活社区主体力量，杨柳郡社区还营造"自营活动＋社群活动＋商家活动＋

村社联动"的社群氛围,将社区、商家、外部品牌方和居民充分联动,激发居民和商家参与社区生活,拉近邻里关系。

数字治理。一是积分牵引,打造邻里互动共同体。构建居民积分评价体系,整合健康银行、时间银行等功能,完善文明实践内容,优化物业、公益、商业有机融合的服务体验。杨柳郡社区的数字化建设,围绕"三化九场景"和"数字社会12有"整体框架,推动应用开发,实现场景共建。开发"云尚杨柳"小程序,与"绿城生活"App打通,连接社区、物业、业委会和商户,各类生活服务都被整合到该小程序中(如图5-5所示)。二是儿童议事,画好全员参与自治圈。打造"儿童议事厅",将儿童纳入公共事务决策体系。三是数智保障,构建安全便捷智慧网。打通公安等部门数据壁垒,打造立体式、无死角智慧安防系统,实现小区96个大小出入口100%全时段智慧化管控。杨柳郡上线"浙里办"数字社会专区,成为浙江省首批登录"浙里办"的未来社区服务端。

图5-5 "云尚杨柳"小程序部分功能展示

第四节 杭州滨江冠山未来社区治理

一、杭州滨江冠山未来社区基本情况

杭州滨江冠山社区地处冠山南麓，毗邻白马湖，是滨江白马湖生态创意城核心区块，东临长江路，南至刺陵河延伸段至白马湖所属区域，西至腾龙路，北至白马湖路，社区建设年代为2011年，总户数3341户，常住人口9736人，规划单元88公顷，实施单元25.8公顷。社区东侧毗邻公交首末站，交通高效便捷。作为塘子堰、汤家井等五村拆迁集中安置联建的社区，冠山小区的居民不仅包含了这些安置村迁来的原住民，还有超过4000人的外来创业务工群体。杭州滨江冠山未来社区概貌如图5-6所示。

图5-6 杭州滨江冠山未来社区概貌

资料来源：着力"一老一小"冠山未来社区的人文关怀[EB/OL].(2022-11-10)[2024-08-30].https://www.sohu.com/a/604476466_99964967.

二、杭州滨江冠山未来社区治理经验

该社区以提高存量整体建筑质量与环境品质为前提，进行生活配套功能织补，嵌入数字化智慧改造，以"美好生活共同体"为核心，融入白马湖生态创意城区块的3A级自然生态资源和国家级文化创意产业，将冠山未来社区塑造成杭州高新区（滨江）南部区块集健康、生态、文化、休闲于一体的开放式高品质生活体。规划联动公交TOD商业综合体、生态公园、文化游步道、产业综合体等，打造宜居的生态公园式社区、宜游的城市文化综合体、宜业的文创产业集聚区，提升片区能级，激发片区新活力。该社区的场景打造特点如下。

首先是创业场景。一是社区以党群服务中心为引领，与白马湖区块文化创意、会展旅游等产业相融合，打造创新创业的产业社区服务平台。二是文化场景。结合"五村融合"传统文化，再现民俗、村落集体记忆，打造多元包容的邻里特色文化社区。三是健康场景。依托现有老年照料中心、社区食堂、社区卫生服务站等，提升医疗普惠便民服务水平，构建"全民康养"健康场景。四是生态场景。依托丰富优质的自然生态资源，构建"绿网成环"的"城市花园会客厅"生态文化体系，打造生态与生活互动交融的活力社区。

其次是数字化建设。总体思路是以居民需求为导向，着眼一老一小一治理和社区治理，努力解决群众"小愿望、大需求"的"三件事"。一是"老有康养"，建立健康驿站、推进智慧看护、打造智能食堂、构建时间银行等，形成老年人健康数据采集、监测、分析、处理的闭环；二是"幼有所育"，设立婴幼儿成长驿站（侧重0—3岁托育和"四点半课堂"），亲子实时在线交互，在线医护指导，健康食谱，提供育儿技能指导、儿童健康管理、亲子陪伴等服务。三是"居民共治"，从"健全自治、党员带头、壮大社团、志愿服务、搭建平台、构建行为"入手，形成共治闭合。以此"三件事"为突破点，集中力量聚焦资源，破解难点堵点问题，推动未来社区和数字社会深度融合，充分彰显"此心安处是吾乡"。

再次是邻里共享。冠山未来社区既有原村迁居民，也有新外来租客，三者融合形成了新的"熟人社会"。该社区设置了多类邻里共享开放空间，包括共享食堂、共享客厅、邻里菜市、童玩中心、百姓健身房等。比如，共享食堂，在价格口味方面照顾老年群体，在支付方式和卡路里可视化等方面符合年轻群体需求，真正搭建了不同年龄群体的共享空间。邻里菜市的产品主打绿色、健康、本地化特色，充满烟火气。百姓健身房安装了专门测试人流量热力值的监测系统，使居民能够更好地共享运动场地和设施。

第五节　杭州城西科创大走廊全域未来社区治理

一、杭州城西科创大走廊全域未来社区基本情况

2020年7月，杭州城西科创大走廊全域未来社区被列入浙江省第二批未来社区试点创建项目名单，也是浙江省首个全域类未来社区，规划范围包括余杭区、西湖区和临安区共计172个社区，规划面积为398平方千米，共计约81.95万人。杭州城西大走廊全域未来社区鸟瞰示意图如图5-7所示。

图 5-7　杭州城西大走廊全域未来社区鸟瞰示意图

资料来源：唐骏垚，陈佳莹，罗一南. 建设全域未来社区 杭州城西科创大走廊如何探索 [EB/OL].(2021-03-24)[2024-08-30].https://hangzhou.zjol.com.cn/jrsd/bwzg/202103/t20210324_22288725.shtml.

二、杭州城西科创大走廊全域未来社区治理经验

首先是对全域进行整体规划，进行全生命周期管控。结合城西科创大走廊跨行政区的特点以及全域未来社区的多样性和复杂性，对全域未来社区进行整体规划和全生命周期管控。一是顶层设计的支持，编制科创大走廊的中长期规划，明确相应的建设目标、具体计划、实施主体和任务等。二是全生命周期管控。从规划、设计、建设到后期运营制定专门的工作和管控方案，在标准体系构建上做到共性与个性的结合。例如优化全省基本指标，包含生态、人文、生活、风貌、创新和创业等内容，增加5个"5分钟"（"5分钟见蓝绿""5分钟进邻里客厅""5分钟进创新交往空间""5分钟见黑科技互动体验装置""5—10分钟见托育"）个性指标，在全生命

周期的各个阶段对指标进行逐项分解落实。

其次是全域联动,以未来社区为载体分类分级实施。确定"233"实施策略,把未来社区建设与城中村改造、老旧小区改造、安置房建设、规划新建类项目、TOD开发、数字化提升、环境整治等大走廊重点工作紧密结合,构建居住类和创产类两大生活圈组织,打造领先型(超省标、全省领先)、示范型(对标省标、全省示范)、基本型(全域覆盖、逐步提升)不同层级,分级分类实施,将未来社区作为基本单元和重要载体,全面打造居民舒适满意的"5—10—15分钟生活圈"。

再次是重视社区治理,利用数字化技术提升治理效率。杭州城西科创大走廊全域未来社区重视社区参与和自治,大力推进基础配套设施建设,重点实施新型基础设施建设、生态环境美化、综合交通创新、数字空间治理、社会智慧治理、创新要素联动、公共服务创新、社区人才培育等支撑工程,利用数字化和智能化技术提升服务和管理水平,提高居民生活品质。

第六节 绍兴上虞鸿雁未来社区治理

一、绍兴上虞鸿雁未来社区基本情况

绍兴上虞鸿雁未来社区坐落于曹娥江南岸,是上虞滨江新城的重要组成部分,项目规划单元用地面积163.6公顷,实施单元东至鸿雁路,南至文景路,西至永昌路(规划道路),北至五星东路,用地面积20.7公顷,总建筑面积约52万平方米(绍兴上虞鸿雁未来社区概貌如图5-8所示)。预计直接受益居民6800人,其中引进各类人才4900人,回迁安置1900人。

图 5-8　绍兴上虞鸿雁未来社区概貌

资料来源：徐盈盈."未来社区"尽显青春气质[EB/OL].(2024-06-03)[2024-08-30]. https://www.shaoxing.com.cn/p/3204220.html.

二、绍兴上虞鸿雁未来社区治理经验

数字化是未来社区的重要特征之一。上虞鸿雁社区在试点建设推进过程中，充分运用数字平台集成融合功能，不断更新完善数字化模型及各类数据信息，实现数字社区与现实社区同生共长、相互映射，为又好又快建设未来社区提供坚实保障。上虞鸿雁未来社区的具体做法如下。

一是用好 CIM 平台优势，助力社区科学申报。借助省级未来社区 CIM 平台，在方案申报阶段汇集地块周边设施、经济水平、人口状况等数据，合理评估社区经济指标及潜在价值。依托 CIM 平台三维数字沙盘，仿真叠加社区对应的地质、实景、规划等模型，精确留存空间基底信息，为科学审核申报方案提供可靠依据。

二是融合场景关键指标，优化实施方案设计。依托 CIM 平台，多角度模拟预演建设方案，解决景观、日照及周边交通配套等潜在问题，优化完善设计方案。通过对社区周边自然资源现状的有效重现,快速突出方案各项关键数据指标(如九大场景配套落位数量与类型、资金平衡状况、人口流动计划等),以合理便捷的可视化方式辅助各参与方快速理解方案设计。利用 BIM 三维数字模型可视化分析,对多种方案进行实景模拟比选,辅助设计师在设计阶段对空间落位进行优化,合理排布盈利空间,避免后期运营的空间硬伤。在深化阶段通过 BIM 管线综合设计,确定走道、空调机房等净空数据,还可对复杂节点进行三维出图,有效避免项目返工。

三是借助云端数字管控,加快项目工程建设。开发智慧工地平台,确保 EPC(设计—采购—施工—总承包模式)总包及全过程咨询单位可快速获取现场数据,进行项目生产及安全管理,提高决策准确性。打造工程管控云平台,紧紧围绕"人""机""料""法""环"等关键要素,汇集现场进度、安全、质量、技术等数据,通过手机 App 开展日常质量安全巡检,实现项目数字化管控新模式。借助 BIM 数字技术,直观展示进度计划,对比现场实际进度,确保工期。

四是未来场景不同功能属性的叠加与整合,形成复合型未来社区。微2003 路公交引入鸿雁未来社区。鸿雁微公交采取一车三线方式运营,途经上百·万悦城、上虞中学、曹娥医院、曹娥街道办事处等多个站点,不仅满足了老年群体出行和接送孩子上下学,也满足了年轻群体的日常通勤和休闲娱乐的需要,实现了家门口"最后一公里"的跨越。此外,鸿雁未来社区还将各功能区块进行完善与叠加,把家的功能外延至社区邻里菜篮、邻里食堂、商业街区、运动场馆等共享公共空间,形成"智慧共享、生态共生、全龄共乐"的复合型未来社区。

第七节　金华山嘴头未来社区治理

一、金华山嘴头未来社区基本情况

金华山嘴头未来社区位于浙江省金华市开发区，是浙江省首批未来社区的 24 个试点社区之一。它包括南北住宅组团和商务办公板块，是一个由多元业态交织而成的大盘复合体，包括社区服务中心、社区菜场、商务办公、创客中心、网红大厦、幼儿园等，建筑面积约 6 万平方米（金华山嘴头未来社区概貌如图 5-9 所示）。项目旁还有形似绿丝带的约 260 亩玉泉溪景观公园，串联了金华的湖海塘公园和婺江，实现公园与住宅区的无界交融。该社区环绕着湖海塘和玉泉溪重点打造了金华的产业高地和科创中心，努力打造成为浙江省中西部的创新大走廊，争取成为长三角的核心协作区，提高金华市未来社区建设的知名度。

图 5-9　金华山嘴头未来社区概貌

资料来源：未来的生活样本，金华这个楼盘这样思考 [EB/OL].(2024-07-10)[2024-08-30]. https://www.dcbbs.com/i-46213.html .

二、金华山嘴头未来社区治理经验

山嘴头未来社区一直强调未来社区的"三化",包括人本化、生态化和数字化,秉承建设浙江省未来社区的精神,打造未来建筑、未来能源、未来邻里、未来服务、未来交通、未来教育、未来健康、未来治理等场景,充分将CIM技术融入其中。

未来建筑场景。充分运用CIM平台,从项目的前期规划,到中期的建设管理,再到后期的运营维护,实现全生命周期的运用。充分结合大数据、物联网、云计算等各种信息技术手段,利用智慧化平台满足社区的多样化需求。该社区还以立体空中廊桥的形式,串联起了南、北住宅和商务办公三大地块,市政道路立体下穿,人车全面分流,成为连接社区各个功能空间的"步行天桥"。

未来能源场景。运用CIM技术搭建智慧能源综合管理和服务平台,对供电、供水、供气等能源供应实行统一化管理,监管能源平台;搭建能源缴费平台,为用户提供个性化定制化的服务,并运用大数据、云计算等多种数字技术手段,共享能源信息,提高社区的能源利用效率。

未来服务场景。依托CIM平台,山嘴头未来社区将打造"平台+管家"的物业服务管理模式,涉及集成维护、安全防护、平台链接等多种服务,搭建社区"线上+线下"的点对点服务模式,连接社区内的餐饮、家政、超市、医药服务商等,充分整合已有资源,引入优质的生活服务供应商。

未来邻里场景。借助网格细化,实施内部巡查、应急处理、人口信息共享和弱势群体的健康等细致化管理,形成邻里开放共享的局面。此外,还将社会保障、生活缴费、休闲娱乐、医疗咨询等统一纳入 CIM 平台中，实现与居民需求的无缝衔接，提高办事效率，提升居民的满意度和幸福感。

未来交通场景。在交通场景的建设过程中，充分运用 CIM 平台，提供智慧停车、车位管理、车位引导和自助支付等服务，依托该数据平台统筹管理社区的各种公共车位资源，实现效率提升。

未来教育场景。依托 CIM 平台，开展各类教育主题活动，创新教育模式。

未来健康场景。借助 CIM 平台，推广社区健康管理的点对点模式，实现居民个体或者家庭与智慧健康平台数据的相互连接，开发服务于老年群体的监护系统。

未来创业场景。山嘴头未来社区以地标级的网红大厦和创客中心为基础，打造了共创基地，集聚了商务办公所需的商业功能配套，加上社区附近的金华之心商务中心，构建了共享开放空间和创客文化，成为金华高质量人才的共创住区，实现办公与就业一体化与融合化。

未来治理场景。依托浙江省政务服务网和浙政钉等政府平台，与基础治理平台有效联动，呈现可视化的数字孪生社区，实现高效治理。

第八节　衢州高铁新城鹿鸣未来社区治理

一、衢州高铁新城鹿鸣未来社区基本情况

衢州，素有"四省通衢，浙西门户"之称，是浙闽赣皖四省边际交通枢纽和物资集散地。高铁新城位于衢州市中心城区西部，整体面积约 16.6 平

方千米，以杭衢高铁为基础，内含高铁小镇、医养小镇、快乐运动小镇、智慧小镇等特色小镇群落，是衢州重点规划发展区块。鹿鸣未来社区便处于衢州市高铁新区创新发展带与生态景观带交界的核心位置，社区内毛家溪水系川流而过。鹿鸣未来社区其名取自衢州鹿鸣山，鹿鸣山位于衢州市区西部，相传，古时常有仙鹿行迹于崖间林中，游人时闻其声，故为鹿鸣。悠悠衢州山水、江南徽派文化、南孔儒风浩荡在衢州文化中融会贯通，鹿鸣社区有着深厚的文化底蕴。鹿鸣未来社区项目是浙江省第二批未来社区试点名单中三个规划新建类试点项目之一。社区以创业、邻里、服务和治理四大场景为特色，吸引创新人才，营造活力宜居地。集创客办公、居住、休闲商业服务配套于一体，布局幼儿园、幸福学堂、邻里中心、医养中心、南孔书屋等公共服务设施；双轴为景观休闲活力轴和滨水创业发展轴。项目已于 2021 年 6 月开工，于 2024 年 6 月竣工。实施单元面积 21.3 公顷，北至钱江大道，南至智造路，西至规划路，东至三清山大道。作为衢州智慧新城首个未来社区项目、浙江省第二批未来社区试点项目之一，鹿鸣未来社区是由绿城中国、中国金茂、慧城产业合力打造而成的极具活力的双创社区，也是数字经济腾飞的新窗口和人才创新的新示范。衢州高铁新城鹿鸣未来社区概貌如图 5-10 所示。

图 5-10　衢州高铁新城鹿鸣未来社区概貌

资料来源：盛哲徽.造房子更是造生活！在有礼之城，绿城未来社区"梦想照进现实"[EB/OL].(2023-12-01)[2024-08-30]. https://new.qq.com/rain/a/20231201A0A1M900.

二、衢州高铁新城鹿鸣未来社区治理经验

一是配套设施完善且具人文关怀。鹿鸣未来社区总建筑面积约 42 万平方米，容积率约 1.9%，拥有 41 幢 8 至 11 层的小高层住宅、双创办公、轻创中心、人才公寓、幼儿园、滨水商业、社区公园等多种业态的低密度大型社区。内部配置了氧气花园、童乐花园、认知花园、泳池花园、林下花园、草阶花园、康体花园等七大主题花园，其中泳池花园配置了大约 300 平方米的镜面泳池。此外，还配置了约 450 米的健康环跑道。一层全部采用架空设计，分布有奇妙空间、红叶空间、睦邻空间、U-Young 空间（绿城集团为年轻人打造的娱乐空间）等主题空间，规划了健身打卡、社交休闲、亲子互动等各类生活场景，将自然与生活融为一体，打造出充满温度的美好家园。

二是场景设计多元融合。衢州高铁新城鹿鸣未来社区在浙江省未来社

区"三化九场景"理念的基础上，融入了"万物友好、万物友邻、人人友爱"的新理念，对"一核、双轴、多片区"的空间结构进行设计，将居住、休闲、商业、服务和创客办公融为一体，打造多种公共服务设施。以邻里、服务、创业和治理四大场景为核心特色，融入建筑、健康、教育、交通、低碳等其他场景，通过各类配套功能的建设，结合纵向的"创业轴"和横向的"活力轴"，形成多功能全域社区空间。

三是打造文创特色集市，引入沉浸式文化体验。集合浙、赣、皖、闽四省手工艺品、特色小吃，打造特色"匠人市集""商帮市集"，提供沉浸式体验，回味千年衢州，寻找儿时记忆。在不同重要节日，举办不同主题市集，如新春市集、中秋市集、圣诞市集等。同时以四季为主题举办大型社区活动，按衢州特色设计，贴近居民生活，打造社区活动自有IP（知识产权）。整体采用江南水乡风格，结合徽派建筑、福建土楼等元素以及篁岭"晒秋"艺术形式，打造现代数字化艺术交互装置。展示数字化、传统文化及现代艺术完美融合的沉浸式文化体验，并以"生态小鹿"元素为意象，设计社区吉祥物。

第九节　温州雅林未来社区治理

一、温州雅林未来社区基本情况

温州雅林未来社区位于温州北站高铁新城核心区域，是浙江省首批未来社区新建类试点项目，总投资金额67亿元，建筑面积为54.5万平方米。项目分为4个板块，共计35幢楼，除了住宅，还配套建设了人才公寓、双创办公用房、TOD 商业用房、幼儿园等。温州雅林未来社区概貌如图 5-11 所示。

图 5-11 温州雅林未来社区概貌

资料来源：雅林未来社区：项目全面收官 未来社区正奔向未来 [EB/OL].(2024-06-05)[2024-08-30].http://www.yjnet.cn/system/2024/06/05/015044315.shtml.

二、温州雅林未来社区建设与治理经验

一是依托未来社区九大场景，构建"10 分钟生活圈"。温州雅林未来社区以和睦共治、绿色集约、智慧共享为基本内涵，满足社区各个年龄段居民的生活服务需求。居民可以通过空中廊桥步行到达社区所有共享空间，满足居民休闲、娱乐、健康、养老、教育等一系列日常需求，提升居民的归属感和舒适感。

二是站城一体化建设，形成 TOD 双创社区。温州雅林未来社区紧邻温州北站，是温州融入杭州、接壤上海的重要枢纽点，充分结合地理位置优势，采取站城一体化建设模式，使居民通过地下通道短时间内就能直达温州北站，一小时左右就能到杭州。此外，该社区除了配备安置住宅外，还

配套了 5 万平方米的人才住宅、1.9 万平方米的人才公寓和 3.7 万平方米的双层办公区域，形成将高铁站、城市和产业融为一体的 TOD 双创社区。

三是打造社区数字化平台，满足居民全生活链服务需求。温州雅林未来社区坚持数字化赋能，通过规划智慧 TOD、蓝绿智轴、创智门户等项目，积极推进智慧交通、智慧能源、智慧创业等应用建设，融入未来社区九大场景中，全面满足居民全生活链服务需求，实现智慧和有机更新的样板社区。

第十节 嘉兴双溪湖超级未来社区治理

一、嘉兴双溪湖超级未来社区基本情况

双溪湖超级未来社区，是国际商务开放枢纽示范区的重要功能单元。整个板块北起长水路，南至三环南路，西起商务大道，东至庆丰路，总面积约 370 公顷，整个板块集中建设休闲、娱乐、文化、体育、创新等多个片区的公共服务设施，真正打造人性化、生态化、信息化的未来社区样板，形成了全方位满足的舒适生活圈。嘉兴双溪湖超级未来社区概貌如图 5-12 所示。

图 5-12　嘉兴双溪湖超级未来社区概貌

资料来源：浙江嘉兴经开区发布双溪湖超级未来社区 LOGO[EB/OL].(2023-09-17)[2024-08-30].http://www.zj.xinhuanet.com/20230917/ff36602a39624fc2b8e8290f051eb3e8/c.html.

二、嘉兴双溪湖超级未来社区治理经验

（一）打造 SOD 模式，有机聚合多个未来社区

双溪湖超级未来社区在以人为核心的 SOD（公开服务导向型开发）模式的理念引领下，建设包括嘉邻中心、时尚体育中心、高铁新城文化中心、山姆会员商业中心、双溪湖公园、双溪城市学习中心、都市文旅中心和城市康养中心等区域，布局建设金融服务、文体服务和医疗服务等公共服务设施。将多个未来社区有机聚合，全面满足居民学在双溪、游在双溪、颐养在双溪、休闲在双溪的美好愿景，形成创新、生态、共享的微型城市。打造一个以人为核心的新型城市功能单元和以共同富裕为目标的城市现代

化单元。

（二）有趣多元的未来场景，让社区更有活力

双溪湖所在的高铁新城是嘉兴承接上海辐射、联通长三角的核心门户，打造多元场景，将人本化、数字化和生态化的价值导向和未来社区九大场景有机融合。社区设有1所医院、1所卫生服务中心、1所康养中心、5个社区服务中心、6所学校、8所幼儿园，教育、医疗、养老、体育等配套设施一应俱全。打造时尚体育中心、嘉邻中心、文化中心等，充分满足全龄段居民的生活服务、文娱休闲等需求。建设6千米绿道，连接慢跑道、滑板场、瑜伽室、训练馆等健身场所，让居民尽情享受运动带来的乐趣，骑行、慢跑等慢行系统和水上游线为居民提供了更多出行方式。此外，社区还嵌入南侧高铁核心商务功能，形成产城融合的社区打造典范。双溪湖未来社区以人为本，探索有趣多元的未来场景，使社区更具活力。

Chapter 6

| 第六章 |

整合提升类未来社区治理
——以翡翠社区为例

第一节　基本情况

一、地理区位

翡翠社区位于杭州市余杭区闲林街道，毗邻西溪国家湿地公园，辐射生态水乡休闲湿地，靠近五常湿地，背靠连绵起伏的小和山。社区周围三面环绕湿地，南靠山地，北依水域，空气清新，享有丰富的自然资源和优美的居住环境，是杭州罕见的融城市与自然景观于一体的现代大型社区。

二、研究范围

研究范围东至华立181社区和华立科技园，南至天目山西路，西至华丰路，北至常教街，总规划面积为93.39万平方米，实施总面积为76.54万平方米。社区规划包括多层、高层、排屋等不同类型的住宅，以及社区商业中心、运动中心、幼儿园、超市、医疗服务中心等配套设施。目前社区内居民数量约为4974户，超过12000人，是杭州具有代表性的综合功能现代社区，集居住、休闲、商业、娱乐、运动和教育等功能于一体。

第三批未来社区的创建类型包括五种，翡翠社区属于整合提升类，主要通过数字化智慧化改造和"补短板"式"三化九场景"功能整合，结合社区现有资源，完善公共服务配套，提升社区生活圈的活力。翡翠社区概貌如图 6-1 所示。

图 6-1　翡翠社区概貌

资料来源：绿城官方 .18 年，见证一座翡翠城的成长 [EB/OL].(2022-10-18)[2024-08-24]. https://new.qq.com/rain/a/20220720A03DOB00.

三、用地现状

翡翠社区分为东南、东北、西南、西北共 4 个区块，每个区块在满足"5—10 分钟生活圈"基础之上，再分区块打造差异化亮点，创设相应的场景特色主题（翡翠社区分区块场景空间配置情况如表 6-1 所示）。

表 6-1　翡翠社区分区块场景空间配置情况

区块	特色
翡翠社区东南区	邻里 + 社团活动
翡翠社区东北区	教育 + 商业
翡翠社区西南区	创业 + 智能化总指挥中心
翡翠社区西北区	康养

翡翠社区分区块规划建设面积具有相应的强度指标。规划总面积 93.39 万平方米，实施总面积 76.54 万平方米，总建筑面积 155.15 万平方米。其中，地上建筑面积 813864.38 平方米，地下建筑面积 356743.93 平方米，绿地率 37.63%，容积率 1.37%，建筑密度 25.20%（翡翠社区分区块规划建设面积指标如表 6-2 所示）。

表 6-2　翡翠社区分区块规划建设面积指标

项　目	建筑面积 / 万平方米	实施单元面积 / 万平方米	规划单元面积 / 万平方米
翡翠社区东南区	30.69	17.53	17.53
翡翠社区东北区	33.12	26.87	26.87
翡翠社区西南区	40.54	21.14	21.14
翡翠社区西北区	50.80	11.00	27.85
合　计	155.15	76.54	93.39

建筑用房面积也具有相应的强度指标。物业办公用房面积 4330.7 平方米，物业经营用房面积 4945.8 平方米，社区用房面积 3532.0 平方米，商铺用房面积 38299.0 平方米（翡翠社分区块用房面积指标如表 6-3 所示）。

表 6-3 翡翠社区分区块用房面积指标

项　目	物业办公用房面积/平方米	物业经营用房面积/平方米	社区用房面积/平方米	商铺用房面积/平方米
翡翠社区东南区	621.8	1015.1	514.7	3617.9
翡翠社区东北区	1119.0	1189.0	920.7	19338.0
翡翠社区西南区	1230.5	1259.7	1200.0	5584.7
翡翠社区西北区	1359.4	1482.1	896.6	9758.5
合　计	4330.7	4945.8	3532.0	38299.0

四、交通条件

翡翠社区地理位置优越，交通便利。社区毗邻02省道，周边交通便利，包括天目山路延伸段、五常大道、高教路等道路。社区内设有轨道交通站点和高容量的公交巴士线路，实现了有效的"组团分流、人车分流"交通组织模式。

通过设立轨道交通站点，进一步加强了翡翠社区的交通便利性。在这一地区，杭州地铁3号线一期工程高教路站已建成。与此同时，还为杭州地铁12号线留出站点，未来居民可以在此地与3号线实现换乘，形成杭州地铁3号线和12号线双线路交汇的交通枢纽。

园区的公交线路覆盖广泛，为通勤提供便利。首先，社区内的道路网络畅通，采用"小街区、密路网"设计，步行10分钟即可到达公交站点，出行非常便利。其次，社区提供了定制巴士、微型公交和共享单车等多种出行选择，并设有直达黄龙公交中心的往返班车，为居民提供多样化的出行服务。

（一）自然资源

翡翠社区位于自然资源丰富、居住环境优越的区域。东侧毗邻西溪国家湿地公园，西侧邻近和睦水乡湿地，北侧接近五常湿地，南侧依小和山，（翡翠社区周边自然资源概况见表6-4）。

表6-4 翡翠社区周边自然资源概况

自然景观名称	相对于翡翠社区的方位	与翡翠社区直线距离	自然景观概况	备注
西溪国家湿地公园	东	约2千米	湿地内河流总长100多千米，约70%的面积为河港、池塘、湖漾、沼泽等水域，陆地绿化率在85%以上	国家5A级旅游景区；中国"十大魅力湿地"；被列入国际重要湿地名录；全国林草科普基地
和睦水乡湿地	西	约2.4千米	以水域沼泽为主，水网、河道、水塘等星罗棋布，是杭州市西溪湿地延伸带	有"未来科技城的绿心"之称
五常湿地	北	约2.5千米	五常湿地是较为罕见的城市次生湿地	—
小和山	南	约1.4千米	小和山海拔278米，多竹树	最受杭州市民欢迎的登山点之一

（二）文化背景

翡翠社区致力于成为业主心目中理想的社区，并具有一定的社区文化底蕴。

一方面，规划设计了景观节点，以打造愉悦的邻里空间。邻里空间是居民进行交流互动及活动的场所，也承载着居民的精神生活。翡翠社区的园区内植被茂盛、景观节点丰富多样，各组团设有中心草坪或广场，市政道路上设计了园区精神文化堡垒，使景观与邻里文化有机结合。

另一方面，通过社团活动，营造"家人文化"。翡翠社区成立了多个业主邻里组织，汇聚了少儿社、文艺社、乒乓球社、篮球社、童趣社、乐跑社等多个社团，致力于打造丰富多彩的社区生活。此外，自2014年以来，翡翠社区已成功举办八届邻里节，邀请居民们以家庭为单位欢聚活动，通过邻里百家宴、唱红色经典等活动，促进人与社区、人与人之间的联系，践行和谐共建共享的核心理念，建立新型邻里关系，为居民营造温馨和睦的社区大家庭。

（三）配套设施

翡翠社区及其周边设施完备，拥有成熟的教育、医疗、商业等配套服务系统。社区引入包括健康医疗、文化教育和居家生活在内的三大园区服务体系，提供超过100项社区生活配套服务，打造了集生活、休闲、商业、娱乐、运动、教育等多功能于一体的现代社区。在教育方面，翡翠社区已经建立多家早教托育机构，引入绿城育华教育集团开设幼儿园、小学和初中，并设立颐乐学院；在医疗方面，社区配备了同德医院闲林分院、西溪医院、五常卫生院等医疗机构，并设有翡翠社区卫生服务站和健康服务中心；在商业方面，社区商业中心占地5万平方米，包括主题餐饮区、生活购物区、运动场馆区、生活服务区、健康服务区、滨水休闲区、文化艺术区和酒店商务区等八大功能服务区（翡翠社区周边及其自身配套设施概况见表6-5）。

表 6-5 翡翠社区周边及其自身配套设施概况

维度	周边配套	自身配套
景观	西溪湿地、五常湿地、和睦湿地、小和山	—
商业	5千米范围内有多个大型商场，如西溪印象城、欢乐城、乐天城、宏丰家具城等	翡翠天地内有知味观、青花瓷等餐饮餐厅，联华超市、明康汇生鲜等生活服务设施
教育	和睦小学、闲林二小、求是小学分校、杭州英特外国语中学、杭州青少年活动中心城西分中心等	绿城育华翡翠社区幼儿园、绿城育华小学、翡翠天地商业中心知名早教品牌店铺等
医疗	同德医院闲林分院、西溪医院、五常卫生院等	翡翠社区卫生服务站、翡翠社区健康服务中心等
交通	杭州地铁3号线高教路站（在建）、公交线路（356、353等）	翡翠社区园区班车共享

第二节 场景需求分析

未来社区坚持以人民美好生活向往为中心，突出人本化、生态化、数字化。翡翠社区坚持贯彻以人为本的理念，首先针对居民的服务需求开展调研，共收集564份有效问卷，其中西南区174份（30.85%）、西北区94份（16.67%）、东南区163份（28.90%）和东北区133份（23.58%），受访居民特征如表6-6所示。居民一致赞同将旧社区提升整改为未来社区，各区块根据实际空间及资源情况打造各个区块的特色亮点。同时居民也希望能共享资源，共同打造美好家园。热心居民也对翡翠社区的创建提供了积极意见和建议，改善了未来社区的筹建工作及创建设想，也更能普惠于民。受益居民人数为12120人，共4974户居民。

表 6-6 受访居民特征

变量	具体指标	占比 / %	变量	具体指标	占比 / %
性别	男	41.84	职业	公职人员	7.61
	女	58.16		医护人员	1.95
年龄	18 岁以下	0.35		教师 / 科研人员	7.09
	18—30 岁	17.91		军人	0.18
	31—45 岁	54.08		文体从业人员	0.89
	46—59 岁	17.02		学生	0
	60 岁及以上	10.64		全职家长	5.67
居民类型	外来购房入住 3 年以内的居民	34.22		企业管理层	17.73
	外来购房入住超过 3 年的居民	55.32		企业职工	31.74
	短租户（半年内）	3.01		创业者	3.37
	长租户（半年以上）	7.45		个体工商户 / 自由职业者	7.45
户籍	杭州	45.92		退休人员	12.06
	浙江省内（非杭州）	21.99		失业 / 待岗人员	0.71
	浙江省外	32.09		其他	3.55
家庭结构	独自居住	9.93	行业	互联网	23.58
	夫妇二人	20.04		金融	7.45
	家有孩子	29.61		房地产 / 建筑	10.99
	家有老人	4.96		贸易 / 零售 / 物流	4.96
	家有老人和孩子	35.46		教育 / 传媒 / 广告	11.18
家中老人年龄	50 周岁以下	2.19		服务业	11.88
	50—60 周岁	30.7		市场 / 销售	2.48
	61—70 周岁	50.88		医疗行业	4.08
	70 周岁以上	16.23		制造业	3.37

续表

变量	具体指标	占比/%	变量	具体指标	占比/%
家中孩子年龄	小于1周岁	6.54	行业	农业	1.06
	1—3周岁	17.17		其他	18.97
	4—12周岁	53.13		—	—
	13—18周岁	8.99			
	18周岁以上	14.17			

此次调研还重点设计了居民对未来社区各类场景的需求，通过对问卷进行分析，发现居民对运动健身的需求最为强烈（64.18%），其次是文化娱乐（54.96%）、便民服务（43.26%）、医养健康（42.73%）、儿童照料（37.23%）等，对创业创新的需求较低（12.41%）（如图6-2所示）。

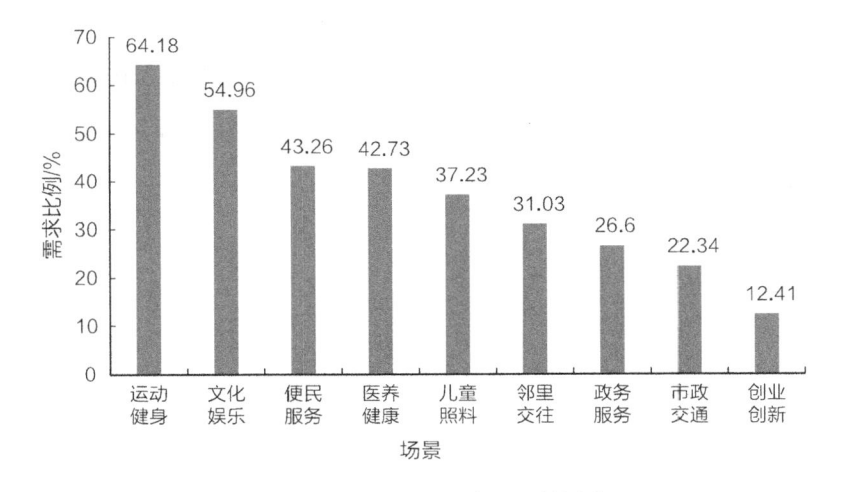

图6-2 未来社区各类场景的需求

进一步对运动健身、文化娱乐、便民服务、医养健康、儿童照料、邻里交往、政务服务、市政交通、创业创新等各类场景的需求进行分析。

在运动健身方面，最应配置的服务设施是健身房（58.51%），其次是羽毛球场地（50.71%）、户外绿道（48.76%）和篮球场地（41.31%）。运动健身需求如图6-3所示。

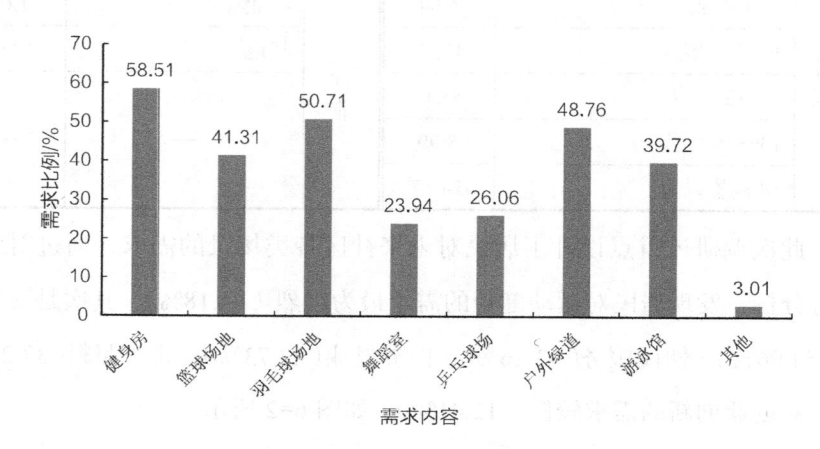

图6-3 运动健身需求

在文化娱乐方面，最应配置的服务是自习室、图书阅览室（71.99%），其次是兴趣活动室（52.30%）、文化艺术培训（40.43%）和老年课堂（37.41%）。文化娱乐需求如图6-4所示。

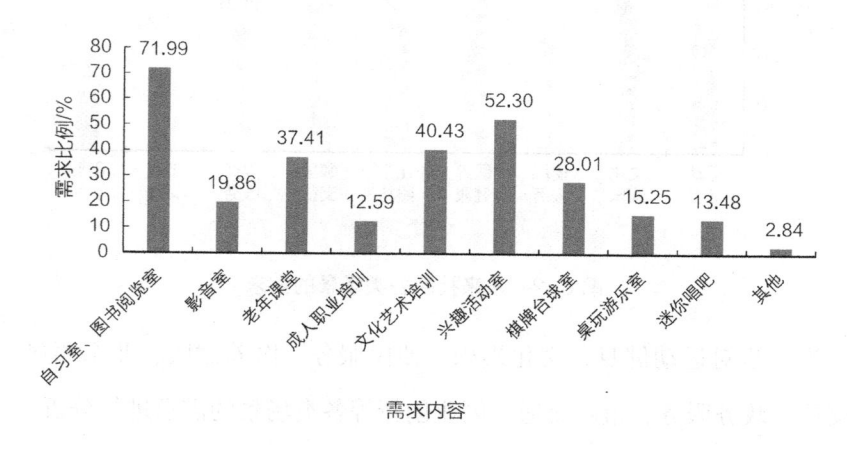

图6-4 文化娱乐需求

在便民服务方面，最应配置的服务是家电维修（58.16%），其次是器具借用（39.01%）、旧物流转（38.65%）和可再生资源回收（37.59%）。便民服务需求如图6-5所示。

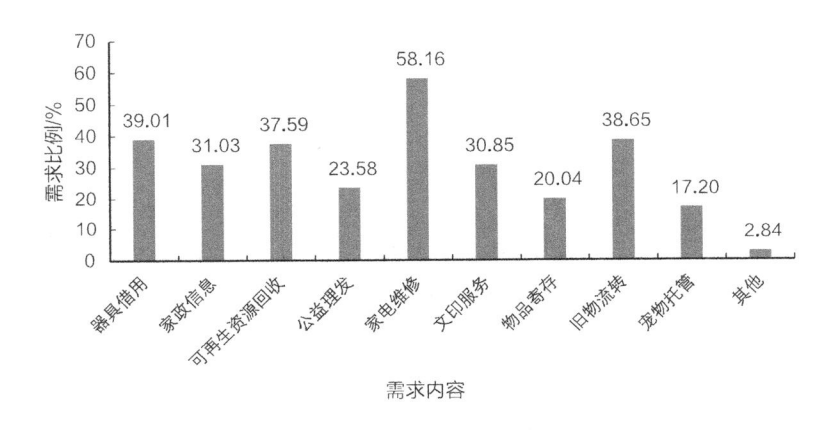

图 6-5　便民服务需求

在医养健康方面，最应配置的服务是体检中心（58.51%），其次是健康保健咨询（44.68%）、居家养老服务（39.01%）和医疗保健（35.64%）。医养健康需求如图6-6所示。

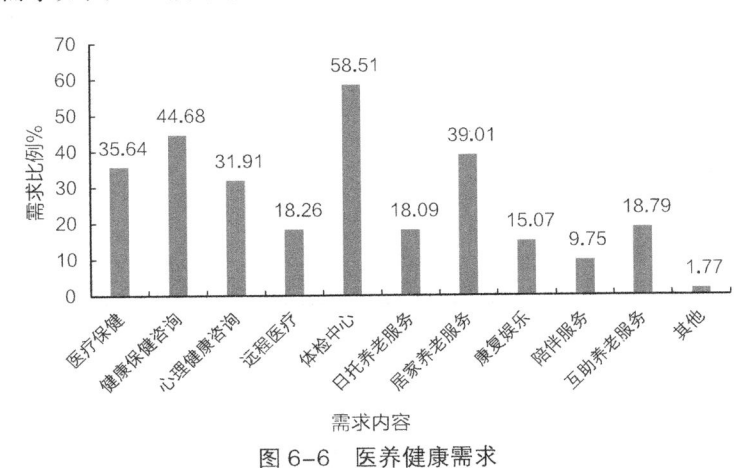

图 6-6　医养健康需求

在儿童照料方面，最应配置的服务是儿童阅读（53.55%），其次是"四点半课堂"（49.11%）、儿童游乐（45.04%）和"四点半志愿团"（39.01%）。儿童照料需求如图6-7所示。

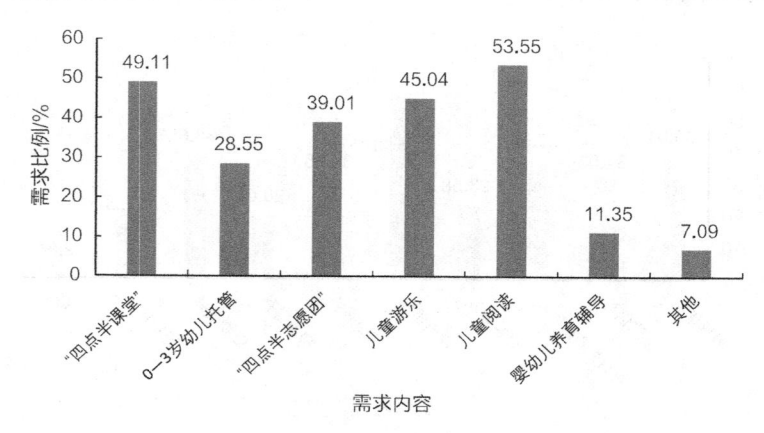

图6-7 儿童照料需求

在邻里交往方面，最应配置的服务是社区家园（62.59%），其次是志愿服务中心（43.79%）、户外交往空间（41.49%）和社区文化展厅（36.88%）。邻里交往需求如图6-8所示。

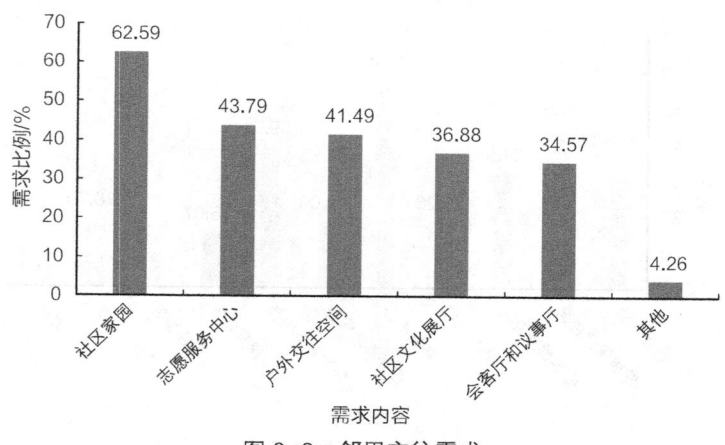

图6-8 邻里交往需求

第六章 整合提升类未来社区治理——以翡翠社区为例

在政务服务方面，最应配置的服务是咨询受理（49.11%），其次是投诉建议（48.58%）、一站式社区自助缴费（38.12%）和社区议事（34.75%）。政务服务需求如图6-9所示。

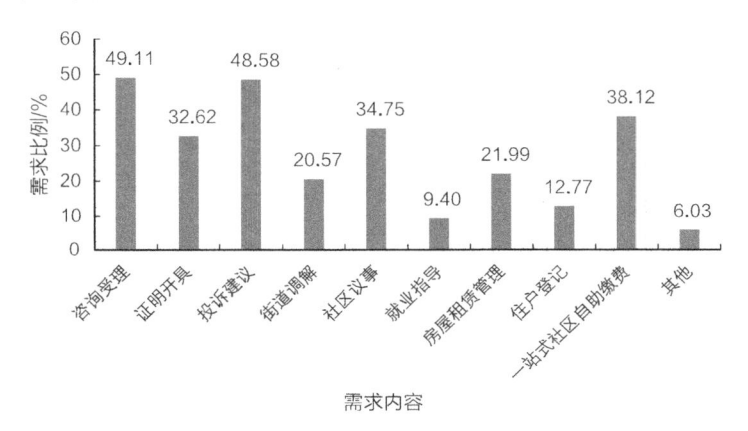

图6-9 政务服务需求

在市政交通方面，最应配置的服务是社区接驳车（61.70%），其次是临时停车（50.18%）、电动车集中充电（45.92%）和生鲜物流柜（38.12%）。市政交通需求如图6-10所示。

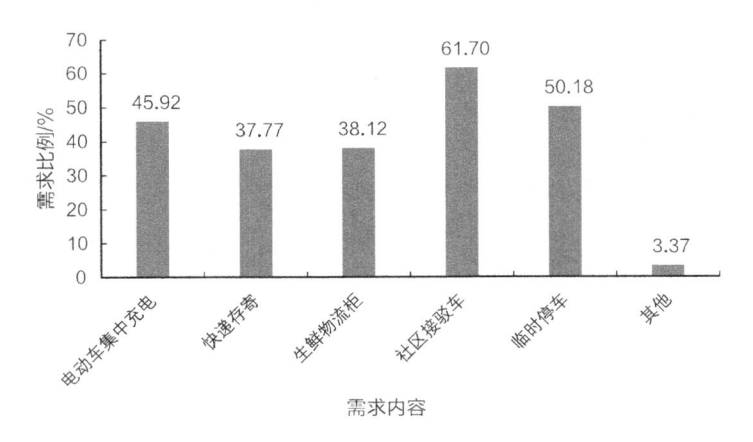

图6-10 市政交通需求

在创业创新方面，最应配置的服务是共享办公（43.79%），其次是就业/政策指导服务（34.93%）、讲座报告厅（33.33%）和创业咨询服务（28.19%）。创业创新需求如图6-11所示。

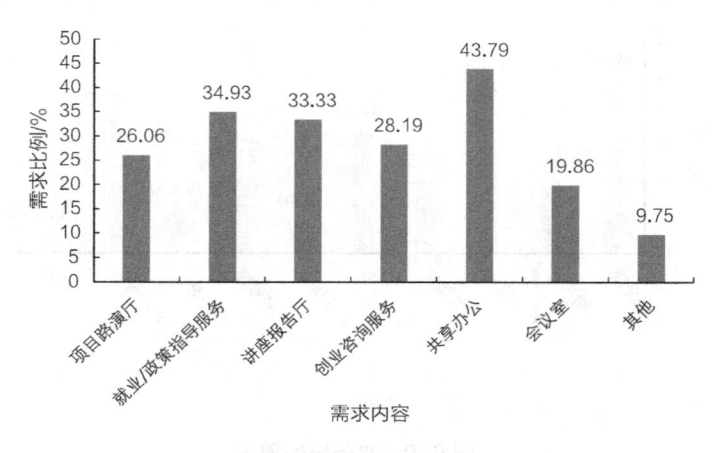

图6-11 创业创新需求

第三节 场景体系设计

一、九大场景系统设计

基于原有高水平的建设成果，在充分深入领会未来社区先进理念的前提下，聚焦"一个中心"与"三化"的价值坐标，并结合前期的服务需求调研，翡翠社区集成九大场景约束性与引导性指标，优化"硬场景"与"软场景"的设计，按照社区特色和场景重要性进行九大场景系统设计。

(一)邻里:"和谐共享、宜居开放",创造全龄友好的社区交往空间

基于未来邻里指标(如表6-7所示),翡翠社区重点从邻里特色文化、邻里开放共享和邻里互助生活等方面来设计未来邻里场景。

表6-7 未来邻里指标

一级指标	二级指标	指标性质	指标内容
未来邻里指标	邻里特色文化	约束性	创建独具特色的文化公园;明确社区文化主题特色;丰富社区文化设施;建立社区文化标识
		引导性	对于改造更新项目,注重活态保存和传承历史记忆;对于规划新建项目,发掘并传承优秀传统文化价值,引入社区新文化元素等
	邻里开放共享	约束性	通过优化"平台+管家"管理模式设立管理单元,确保社区封闭式管理空间单元不超过80米×80米
		引导性	改进"5分钟生活圈"服务设施,打造多元化的邻里服务和社交场所,鼓励多方共同参与,共享生活体验
	邻里互助生活	约束性	建立贡献和声望等积分制度,明确积分可用于兑换服务、参与社区治理等机制;制定社区邻里规范
		引导性	推动成立邻里社区组织和社团;激励居民积极参与社区活动;促进邻里居民共享资源

资料来源:《浙江省未来社区试点创建评价指标体系(试行)》。

1. 邻里特色文化

翡翠社区在东南、东北区的市政道路上创建了文化中心，展示了浓厚的文化内涵。尽管园区内拥有中心草坪或广场，并且绿植茂盛、景观丰富，但景观与社区文化融合尚有待加强。为此，翡翠城根据社区未来定位，将邻里文化定位为"人文、理想、环保"。园区内设置凉亭，以西溪湿地周边名人命名并定制名牌，为每个凉亭设定特定主题，由睦邻社负责布置，展示相关邻里文化内容（如活动预告、照片等）。此外，每个组团会所还增加了有关"人文、理想、环保"邻里文化的宣传内容。

2. 邻里开放共享

一是重新规划盘活共享空间。在翡翠社区的建设过程中，充分听取居民的意见，通过重新规划社区闲置用房，重新整修了东南区和西南区两个会所。绿城房产进行了翻新和改善工作，绿城服务进行了智能化升级，将这些空间升级为邻里中心和共享空间，开设了多个不同场景空间，以满足社区居民各个年龄段的需求。二是通过精准定向招商策略，满足业主"5分钟生活圈"的服务需求。三是以"线上移动应用程序+线下生活服务中心"为管理单元，为业主提供全面的生活服务体系。在翡翠天地和商业裙房内设有大型超市、生鲜店、咖啡厅、餐饮场所、花店、社区卫生服务站、健康服务中心、足浴店、美容美发店和母婴店等多样生活服务配套。

3. 邻里互助生活

一是对原有邻里公约进行修订，并在园区醒目位置公示。二是建立积分兑换服务体系。三是通过睦邻社推动邻里社群的发展，促进居民间资源互助共享。由业委会主导，联合社区居委会和物业服务单位，在党建引领理念的指导下，修订现行邻里公约，使其更符合"人文、理想、环保"的邻里文化主题。在翡翠城进行试点，推行"绿城幸福里"志愿服务折算积分机制，实现服务积分兑换，促进服务与积分之间的良性循环。翡翠社区邻里公约如表6-8所示。

表6-8 翡翠社区邻里公约

公约序号	涉及内容	具体细则
1-1	整体愿景	我们倡导热爱祖国、家乡园区，我们承诺人人遵纪守法
1-2		我们乐于参加社区组织的各种公益活动，致力共同打造美好园区生活
2-1	共筑关怀互助的邻里关系	我们倡导邻居见面主动问好，维护邻里关系，不传闲话，遇到问题和矛盾时本着互相谅解的原则协商解决
2-2		当孩子们发生冲突时，家长先教育自家孩子；我注重呵护孩子的自尊，让孩子在阳光下成长
2-3		我们关怀邻里独居老人，当邻居需要帮助、配合时，我们乐意奉献
2-4		当邻居家出现异常情况时，我们能及时把情况反馈给有关人员
3-1	日常生活不干扰他人	我们遵守约定，不超出阳台护栏晾晒物品
3-2		当拾获楼上邻居掉落的物品时，我们会妥善保管并及时送还
3-3		我们不往窗外抛撒物品；在阳台浇灌花木、搞卫生时会先留意楼下邻居是否晾晒物品
3-4		我们保持楼道整洁，不在楼道上堆放杂物
3-5		在清晨和夜晚，我们会降低电器音量，不影响邻居休息
4-1	维护社区良好的生活秩序	我们倡导在园区公共场所不大声喧哗，同时做到衣着得体
4-2		我们会保持园区公共场所环境整洁，自觉带走废弃物品
4-3		在乘车、购物时，我们做到依次排队，并照顾老弱病残人员
4-4		为减少大气污染，我们不燃放、少燃放烟花爆竹
4-5		有婚丧嫁娶、新居乔迁等事务时，我们能做到不妨碍园区公共秩序，不影响环境

续表

公约序号	涉及内容	具体细则
5-1	维护安全的交通环境	当驾驶机动车进入园区时，我们做到不按喇叭，不开远光灯，慢速行驶，主动礼让行人
5-2		当发生车辆刮擦时，我们会主动道歉、协商并留下联系方式
5-3		机动车、非机动车都能按约定位置、方向停放，保持环境整洁
6-1	积极参与环境保护	我们爱护园区一草一木，不踩踏草坪，不采摘植物果实，不在绿化带内牵绳晾晒物品，不捕捞水中动植物
6-2		我们配合物业人员做好垃圾分类工作
6-3		倡导节能减排，做到文明用电、安全用电、节约用电
7-1	构建人与宠物和谐共处的空间	我们自觉为宠物办理合法证件，定期注射疫苗
7-2		遛狗时使用牵引带，自觉清理粪便，不带宠物进入室内公共场所
8-1	建立爱护家园的共同信念	我们共同维护园区生活环境，倡导每一位翡翠社区业主遵守邻里之约
8-2		我们主动提醒来翡翠社区的访客与我们一起遵守邻里之约，爱护我们共同的家园

（二）教育："跨龄互动、传承互助"，打造无时不有的社区学习氛围

老人和孩子是社区生活中参与度最高并需要提供安全居住环境的群体。在这方面，翡翠社区已经配备了早教、幼儿园、小学和中学等教育资源。在每个实施单元的邻里中心或物业用房设立"四点半学堂"、成长驿站和颐乐学堂等。基于未来教育指标（如表6-9所示），翡翠社区重点从托育全覆盖、幼小扩容提质、幸福学堂全龄覆盖、知识在身边等方面来设计未来教育场景。

表 6-9 未来教育指标

一级指标	二级指标	指标性质	指标内容
未来教育指标	托育全覆盖	约束性	为3岁以下儿童提供托育服务场所，设施设备齐全，安全监控全面覆盖；要求托育人员具备相关资格证书并进行规范培训
		引导性	借助公私合作、融合幼托服务等方式，引进各层次、公益性和高端性的托育机构，探索家庭共享托育等创新模式
	幼小扩容提质	约束性	确保与社区外部教育资源无缝对接；扩大优质幼小教育资源的覆盖范围
		引导性	实施小班制教学；建立社区与中小学之间的远程学习互通途径
	幸福学堂全龄覆盖	约束性	设置功能多元的社区学习中心，以满足不同年龄段的需求；制定分阶段课程安排，提高运营机制的活跃度和参与度
		引导性	促进社区与兴趣培训机构的合作；利用智慧平台建立项目化的跨年龄互动机制，策划艺术创作、公益服务等活动
	知识在身边	约束性	建设数字化平台，设立社区专家技能库；建立学习积分、教学积分等共享学习机制
		引导性	引入书屋、共享图书馆等资源；利用智能平台连接社区周边的美术馆、博物馆等场馆，开拓社区学习资源

资料来源：《浙江省未来社区试点创建评价指标体系（试行）》。

1. 托育全覆盖

首先，在园区会所和翡翠天地内设立固定、多品牌、长期运营的养育托管站点，以满足家长需求。其次，为解决寒暑假期托管需求高峰，推出绿城夏令营活动。固定的托管站点包括商业中心的早教托育机构、绿城育华幼儿班（彩虹乐园）、"四点半课堂"、一米儿童之家和创意宝贝养育托管站点。在寒暑假期，绿城夏令营活动由育华学校与社区合作举办，专为3岁以下和3—12周岁儿童设计。此外，设立成长驿站，提供早教课程、亲子童玩、亲子互动、育儿经验分享、临时托管和家庭互助托育等服务，共同打造儿童共享成长空间。

2. 幼小扩容提质

园区内配备育华幼儿园、小学和初中等多级学校，构建了多元化且统一化的幼儿、小学和初中教学资源，并且开展丰富多样的幼小活动，增长儿童见识和提高教学质量。

3. 幸福学堂全龄覆盖

首先，建立绿城颐乐学院体系，覆盖各年龄段，为幼儿、中青年和老年人设计不同课程，包括有氧舞蹈、时装走秀、旗袍走秀、瑜伽、水墨画、民族舞、太极、素描、排舞、尤克里里等。乐器类、书法类、舞蹈类、棋类、画画类、益智类、运动类等兴趣班也得到了增加。同时设立幸福学堂，全面满足不同年龄群体的教育需求，实现青少年和长者教育多方位发展，全面落实"双减"教育政策，开展"四点半课堂"以实现全面课后服务。其次，建立线上学习和培训资源数字平台，吸引中青年积极参与学习，实现全年龄段教育的覆盖。再次，通过"幸福绿城"App内的睦邻社添加兴趣班艺术创作和公益帮扶子模块，由物业服务中心负责运营。

4. 知识在身边

首先，针对社区居民的精神需求，打造余阅书吧，引入余杭图书馆等公共文化服务资源，一楼设置共享书房，二楼用作共享办公，配置智能化门禁系统，居民可预约使用，益米之间图书馆被委托为运营单位，实现空间高效复用。其次,通过"幸福绿城"App内的睦邻社、增添睦邻积分和社区达人资源库,使心理咨询师、健身达人、养花达人等社区达人资源线上化。例如,心理咨询服务包括家庭教育、婚姻调解、亲子关系等内容,还提供专家项目如沙盘游戏、心理健康体检、心理测试、心理绘画和家庭治疗等,服务团队由翡翠婚姻家庭心理咨询服务中心和专家志愿者组成。再次,推动精品课程教育的线上化。通过秀丽翡翠App、奇妙园官方微信、奇妙园在线App等多元线上平台提供亲子早教、全龄段居民线上课程等教育服务,同时采用积分激励方式鼓励居民参与线上学习。

(三)健康:"全维度健康关怀",倡导积极活力的生活方式

基于未来健康指标(如表6-10所示),翡翠社区重点从活力运动健身、智慧健康管理、优质医疗服务、社区养老助残等方面来设计未来健康场景。

表6-10 未来健康指标

一级指标	二级指标	指标性质	指标内容
未来健康指标	活力运动健身	约束性	15分钟步行范围内设置健身设施和运动场地;5分钟步行范围内配置室内和室外健身点
		引导性	打造连续的慢跑绿道网络;设置智能健身路径和全息互动技术设备;建立运动社群组织和运动积分激励机制
	智慧健康管理	约束性	在15分钟步行范围内建设现代化社区卫生服务中心和服务站,提供更加完善的医疗服务;建立居民电子健康档案,并改进家庭医生服务
		引导性	推广社区健康管理的线上到线下(O2O)模式,通过个人或家庭终端与当地智能健康平台进行数据交流;提供个性化定制的健康饮食服务

续表

一级指标	二级指标	指标性质	指标内容
未来健康指标	优质医疗服务	约束性	社区卫生服务中心与地区三级医院合作成立医疗联合体，推出远程医疗和双向转诊等服务；增设中医保健服务
		引导性	支持社会办全科门诊、智能医疗室、医疗商城等项目发展；采用人工智能等尖端技术
	社区养老助残	约束性	设置适老化住宅；在15分钟步行范围内提供街道级和社区级居家养老服务设施；为社会养老机构提供租金减免等政策支持
		引导性	将养老机构建设成五星级标准，提供护理床位；推广适老化智能设备的使用；鼓励老年人发展自发性组织；推动实现跨代合租和时间银行等新模式

资料来源：《浙江省未来社区试点创建评价指标体系（试行）》。

1. 活力运动健身

未来社区中心广场将配置超过 5000 平方米的运动中心，内设健身场馆、球类场地和瑜伽教室等，提供多样化的运动活动空间。此外，西北区将建立专业绿色跑道，同时在社区内睦邻社设立运动社群，实现运动积分与邻里积分共享。

2. 智慧健康管理

首先，在商业裙房区域设立社区卫生服务中心，专注于满足紧急需求，并充分利用公共医疗卫生资源，对社区卫生服务中心的空间和医护团队进行总体升级，同时新增设 24 小时智慧健康站，设立云诊室和自动售药机，为专业医药服务提供全天候的延时补充，以满足上班族简单的问诊和配药需求。其次，在翡翠天地区域开设健康服务中心，升级为健康小屋，建立健康管理 O2O 模式，以满足业主的健康管理需求。最后，针对园区的长期居民，尤其是 60 岁及以上的老年人，完成线上健康档案的建立工作。

3. 优质医疗服务

首先，社区卫生服务中心与绿城医院进行合作，提供多样化医疗服务，包括中医坐诊、远程问诊和自助药物取用。配备云诊室和综合门诊服务，由余杭区卫生院统筹人员，该中心可与浙江大学第二医院远程连接，签约医生可以通过系统与余杭区二院互相转诊，也能帮助签约患者接受杭州市医院的治疗。这样的操作保证医疗测试数据的共享和识别，确保双向转诊的顺畅进行。其次，建设医养结合型居家养老服务中心，利用小程序平台系统，连接线下问诊和居家护理服务，为居民提供从咨询预约到服务提供的全流程便捷支持。

4. 社区养老助残

首先，翡翠社区在西北区设立日间照料中心总站，其余三区设立分站，在现有健康管理基础上，以居家养老为依托，社区日间照料中心作为补充，整合专业和物业服务，以增值服务为辅助，形成综合的服务模式，提升社区长者的幸福感。

2021 年 6 月，绿城椿龄科技集团在翡翠社区开启项目，旨在实现全面覆盖基本健康服务和全面提供居家养老助残服务，构建社区健康场景。项目中引入旗下"椿天里"产品，强调邻里关系的重要性，塑造"家的延伸"理念，通过城市化界面、创造空间、多功能业态，打造精致全面的邻里社区中心，不同于传统养老服务中心模式。

"椿天里"产品以"1+4+13+N"模式（一个邻里中心、四个主要功能区域、十三个功能模块及多项服务内容）为基础，为用户提供周到全方位的服务。综合利用翡翠社区现有资源，翡翠社区康养中心打造了360项服务产品包，以满足社区长者不同层次的健康养老需求。通过融合专业服务和物业服务，增值服务与基础服务相辅相成，提升社区长者的幸福感和服务体验。康养中心全面管理社区长者的健康状况，同时为社区内行动不便的70岁以上长者提供上门服务，包括测血压、整理药物、慢病管理等服务，通过日常关怀建立信任，进一步提供养老增值服务如居家照护、代配药、陪诊和家政等。

其次，翡翠社区康养中心鼓励共同创造，倡导专注于线下活动的时间银行的模式，激励有活力的老年人互相帮助，丰富他们的社区退休生活体验。倡导社区长者扮演活动发起者、聚会组织者和社交组织者的角色，参与并创造各类活动，借由共同兴趣和社会支持，构建互助、共享的邻里社区生活，营造美好人际关系，为实现幸福生活提供支持。

在老有所养的前提下，幼有所育尤为重要。由于我国有近80%的幼儿由祖辈照顾，可能使老年人难以安心参与养老活动或享受服务。为此，翡翠社区康养中心早期规划时便将绿城儿童产品成长驿站设立在康养中心旁边，以满足老年人在邻里活动中心社交上课的需求，同时使儿童在同一地点接受早教和玩耍，确保老幼照料周到。翡翠社区围绕"一老一小"概念构建养老生态，将老年人和儿童联结起来，这是翡翠社区康养中心成功运作的重要因素。随着人类寿命延长和精神年龄趋向年轻化，社区长者的精神文化需求不断增长，跨代互动、自我发展和终身社交成为未来长者生活中的关键目标。为此，翡翠社区康养中心配备多元化静态和动态教室，吸引专业教师资源，为社区长者量身打造多样化持续的教育体系，包括文化艺术、手工技艺和音乐课程等，满足不同兴趣和需求；同时聘请专业老师举办养生知识讲座，指导日常饮食规范，满足长者社交与学习需求。此外，翡翠社区康养中心还设立书房，提供社区长者阅读空间（翡翠社区康养中心部分课程如表6-11所示）。

表6-11 翡翠社区康养中心部分课程

文化艺术类课程	手工小匠类课程	爱乐知音类课程	养生保健类课程	语言教习类课程	日常生活类课程
绘画	剪纸	音乐鉴赏	助眠课程	普通话教习	财富规划
书法	手工编织	小提琴	皮肤护理	外语教习	手机教学
摄影	银器制作	葫芦丝	妆容指导	待增加	待增加
影视欣赏	创意折纸	合唱团	烘焙		

（四）服务："烟火气息与品质美化交织"，打造高性价比的社区服务

基于未来服务指标（如表6-12所示），翡翠社区重点从物业可持续运营、社区商业服务供给和社区应急与安全防护等方面来设计未来服务场景。

表6-12 未来服务指标

一级指标	二级指标	指标性质	指标内容
未来服务指标	物业可持续运营	约束性	依托智能平台建立"平台＋管家"物业服务模式；合理划分物业用房比例，提出完整的物业运营资金平衡解决方案，确保居民能够免费享受基本物业服务
		引导性	除了基本物业服务外，提供房屋增值服务、O2O服务等增值物业服务
	社区商业服务供给	约束性	引入优质生活服务供应商，发展社区商业O2O模式，建立社区商业服务供应商遴选培育机制；配置与居民日常生活密切相关的基本服务功能
		引导性	注重创新型生活服务，引入专业化物业服务供应商，提供定制化、高性价比生活服务

续表

一级指标	二级指标	指标性质	指标内容
未来服务指标	社区应急与安全防护	约束性	建立完善的社区消防、安保等预警预防体系及应急机制；构建无盲区安全防护网，应用人脸识别等技术，推广数字身份识别管理
		引导性	利用智能平台实现预警救援、定位服务、一键呼救和联动报警等功能，实现突发事件零延时预警和应急救援

资料来源：《浙江省未来社区试点创建评价指标体系（试行）》。

1. 物业可持续运营

首先，采用"平台＋管家"的物业服务模式，实现智能化管理平台与"生活合伙人"管家团队的紧密结合，涵盖管理、服务、物联网和数据四个方面，以提升管理效率和服务水平；其次，运用园区内经营收入作为物业服务提升的资金来源，以维持和提高服务质量并降低管理成本。具体而言，建立应用层、业务层和数据层的"三维融合"原则，创建智慧管理平台，实现服务智能化和管理信息化，有效降低运营成本并提高服务质量。在运营过程中，绿城服务实践"投建管营一体、资源多跨协同"的理念，依据60%公益和40%商业定价规则，通过少量商业化运作覆盖相关费用，确保场景运营、物业管理和能耗控制的平衡，实现自我运营资金的维持。

2. 社区商业服务供给

打造"翡翠天地＋生活服务中心"，为业主提供一体化社区商业服务体系，满足他们的日常生活和消费需求。具体包括：（1）优化"10+X"商业服务业态，包括超市、银行、邮政服务（快递）、餐饮、洗衣、美容美发、医药零售、文化用品、电器维修、菜市场等多样业态。（2）建立"最多跑一次"社区服务站，提供公共服务如社区政务、民情联络、义工联络、图书馆等。(3)通过"幸福绿城"App（线上）和生活服务中心（线下），围绕业主日常需求如衣食住行，开展到家服务、拎包入住、养老服务、早教服务、新零售以及配送服务（如幸福果园、幸福粮仓），实现业主全生命周期服务。例如，益米空间充分利用社区高密度人流和"零距离"服务优势，通过居民"点单式"活动和个性化服务提升用户黏性。

3. 社区应急与安全防护

进一步发展翡翠社区智慧安全服务网络，引入出入口人脸识别系统。在西北区新开发地块主卧设立一键式求助功能，并尝试与政府管理机构、物业服务中心多方协作。改造传统监控室，使之成为智能运营指挥中心，实现设施设备智能化、自动化运营，从而降低经营成本。转变管理方式，实现品质标准化的平台运作规则，通过AI分析和专家管理手段，实现智能化的工单处理，从人员和物品管理转向全面智能化的运营管理。

确立"系统—预案—组织保障"的整体框架。在安全方面，整合互联网、物联网技术及固定端设备（如鹰眼、智能门禁、电子围栏）搭建社区安全保卫系统。按不同等级设立安全保卫标准，并基于这些标准建立安全防卫预案；定期组织安全防卫培训和实际演习，提高安全意识。在应急救援领域，配置急救箱、AED（自动体外除颤器）等急救设备，并聘请专业机构进行培训，获得急救资质，建立完善的应急救援系统。按照不同级别设置应急救援标准，并基于这些标准建立应急救援计划；定期组织应急救援知识培训和实际演练，提升应急处理技能。最后，由社区、业主委员会、服务中心协同设立社区安全与应急救援小组，邀请积极的业主参与，依据专业职责搭建内部组织结构，依托专业人员和志愿者合作，巩固社区无盲区安全防卫网的组织支持系统。

(五)治理:"多元协商,精细治理",创新社区集成治理模式

基于未来治理指标(如表 6-13 所示),翡翠社区重点从社区治理体制机制、社区居民参与、精益化数字管理平台等方面来设计未来治理场景。

表 6-13 未来治理指标

一级指标	二级指标	指标性质	指标内容
未来治理指标	社区治理体制机制	约束性	确立由社区党建领导的治理机制;深化社区治理体制改革,建立综合社区运营体系;统一居委会和社区边界
		引导性	社区各部门职责清晰、服务质量高、管理效率高、居民满意度高;吸引社会各界参与社区事务,完善多元化社区治理体系
	社区居民参与	约束性	确立有效可操作的社区自治机制;设置社区议事会、社区活动中心等空间,建立具有服务性、公益性和互助性的社区社会组织和志愿者团队;设立联合调解机制
		引导性	社会组织发展充满活力,居民积极参与,社区居民彼此之间的认同感和归属感明显增强;因地制宜创新社区参事议事模式,建设线上线下结合的参事议事模式
	精益化数字管理平台	约束性	通过智能平台的支持,推动基层治理四个平台的整合、优化和提升,建立一定规模的社区服务中心,设置无差别受理窗口
		引导性	推动精简政务流程,实现社会工作任务清单化

资料来源:《浙江省未来社区试点创建评价指标体系(试行)》。

1. 社区治理体制机制

翡翠社区规划了四个社区议事厅、一个社区服务中心、一个社区党群服务中心、一个智慧展厅以及一个党建中心。社区党群服务中心将提供社区客厅、共享书房、数字驾驶舱和党群活动室等服务。通过打造"数智驾

驶舱",整合各种数据资源和服务模块,为社区管理赋予"数字化外衣",实现翡翠社区全面数据资源的整合以及共享,展示九大场景核心数据指标,为社区治理赋予未来化动力。社区治理体制机制的具体体现如下:首先,开展社区治理与服务工作;其次,在社区党委和业主委员会的引导支持下,设立翡翠社区自治组织,即"绿城幸福里";再次,线上线下相结合,通过"幸福绿城"App 打造幸福里模块,促进业主的自治和互动;最后,借助"幸福绿城"App 提供物业服务,可与政府智慧平台互联,实现基层服务的线上化、科技化和普及化。

2. 社区居民参与

建设具有服务性、公益性和互助性的社区社会组织和志愿者团队,建立志愿者与服务对象以及服务项目的对接平台。翡翠社区已建立了有效的社区自治机制,设有社区议事会、社区礼堂客厅等空间。在西南区的"共享空间"项目中,利用闲置会所打造集公共图书馆、共享办公室、社区微法庭和艺术教室于一体的"场景融合体",鼓励设施模块的共建共享,实现"旧资源"焕发"新生机"的目标。该社区积极推广社区 O2O 模式,借助"秀丽翡翠"小程序,采用"网上预约、错时使用"方式,开辟多时段的共享活动空间,提升设施的灵活利用水平。

在翡翠社区,已经建立完善的社团组织和志愿者团队,设立了和事佬、调解室等协调机制。社区目前拥有 17 个社团组织以及 400 多名热心志愿者组成的邻里互助团队。同时,为志愿者提供便利,社区专门设立了"绿城幸福里"场所供他们进行活动。社区还推动了各项共治计划,包括清洁园区、文明养宠宣传、夜间安全巡查、雪后清扫等,有些已经成为日常例行活动。此外,也在推进更多共治措施,如时间银行、安心社区等,深化志愿活动的互助性和公益性，不断探索共治模式的多样可能性。

3. 精益化数字管理平台

在"绿城幸福里"的框架指引下，有社区党委的指导、业主委员会的协助和物业的支持，组织旨在实现园区共治的内部力量。采用"1+1+N"网格化管理体系（如图6-12所示），其中第一个"1"代表社区党委作为指导机构引领社区，第二个"1"代表业主委员会作为组织平台协调后方，"N"代表"绿城幸福里"内的各类社团组织作为主体开展活动。

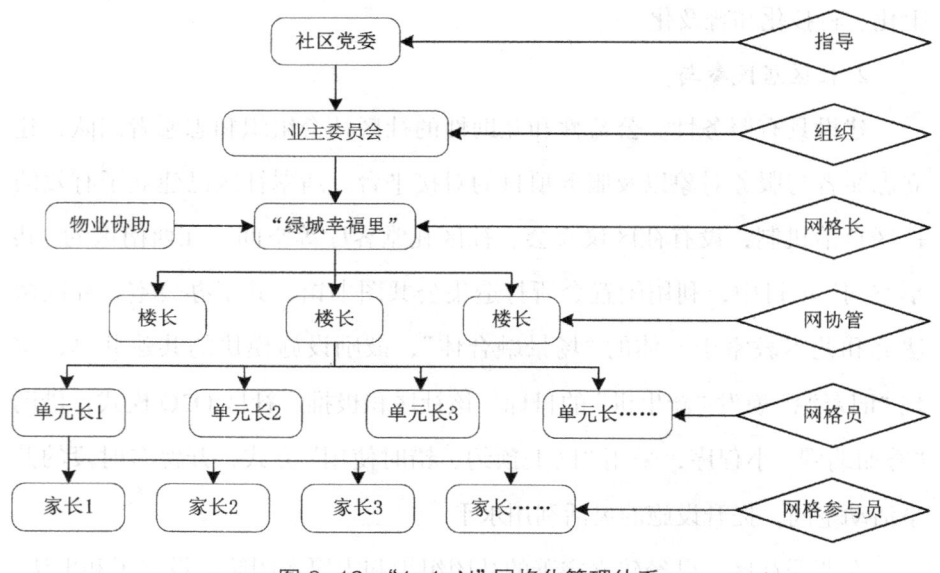

图6-12 "1+1+N"网格化管理体系

未来社区服务与运营将以数字化平台为核心基础设施，绿城科技产业集团将根据社区功能需求定制应用程序，为社区管理、运营和服务提供综合化平台工具。翡翠社区实现数字化升级，通过在线智慧服务平台与物业管家的紧密连接，建立"一仓三端"运营结构，包含数据中心、居民服务端、物业工作端和社区治理端，全面覆盖各应用场景管理。翡翠社区运营驾驶舱如图 6-13 所示。

图 6-13　翡翠社区运营驾驶舱

资料来源：城人之美，领航未来——绿城"未来社区"样板 [EB/OL].(2022-10-18)[2024-08-30].https://www.sohu.com/a/552545626_120014072.

"秀丽翡翠"小程序是专为居民提供综合服务的平台，主要包括邻里互助互动、兴趣课程、全民健康、积分积累以及应急管理等功能（如图 6-14 所示）。该平台设立了"翠声望"系统，激励居民积极参与社区奉献和公益活动，参与者可获得积分，这些积分可以用于兑换商家服务和商品等奖励，通过奖励机制推动居民参与活动的持续增长。同时，推进社区电商服务，整合线下社区生鲜超市及家品配送服务，打造完善的 O2O 社区商业模式，确保居民便捷获取日常生活所需基本服务。

图 6-14 "秀丽翡翠"小程序

资料来源：城人之美，领航未来——绿城"未来社区"样板 [EB/OL].(2022-10-18)[2024-08-30].https://www.sohu.com/a/552545626_120014072.

（六）创业："立足需求、居民创业"，打造特色创新创业圈

基于未来创业指标（如表 6-14 所示），翡翠社区主要从创新创业空间、创业孵化服务及平台等方面来设计未来创业场景。

表 6-14 未来创业指标

一级指标	二级指标	指标性质	指标内容
未来创业指标	创新创业空间	约束性	为社区配置超过 300 平方米的双创空间，包括灵活共享的办公空间和综合优质的生活服务空间
		引导性	根据当地情况，建立社区双创空间，根据不同社区的布局和需求，提供高性价比的办公场所

续表

一级指标	二级指标	指标性质	指标内容
未来创业指标	创业孵化服务及平台	约束性	借助智能平台构建创业者服务中心，提供全面的创业指导和咨询服务；优化创业服务体系
		引导性	建设社区众筹融资平台，设立社区创客学院，促使社区资源、技能和知识全方位共享
	人才落户机制	约束性	建立住房租售定对象、限价格的特色人才落户机制；配建人才公寓；规划新建类出售均价不高于周边均价
		引导性	建立创新人才落户绿色通道；引进年轻高层次人才落户；打造各类特色人才社区

资料来源：《浙江省未来社区试点创建评价指标体系（试行）》。

1. 创新创业空间

在西南区会所的基础上，规划建设绿城翡翠"创客中心"，旨在为社区创业者提供一个涵盖思维碰撞、项目互动、投资展示、创业指导、商务交流等多功能的综合创业活动场所。创客中心的关键功能区包括办公区、商务会客区和共享会议中心。办公区总面积约350平方米，包括VIP专用及共享开放式办公空间，比例可根据实际运营需求灵活调整。商务会客区总面积为300平方米，营造出类似咖啡厅般的氛围，设有一个约200平方米的开放式路演及会客区，以及两个独立的会客室。共享会议中心设有三个会议室，并配备完善的多媒体设备，物业将提供相关会务支持服务。

创客中心的设施设备包括自助吧台、自助咖啡店、自助售卖柜和智能储物柜。自助吧台占地约40平方米，提供自助茶水等服务，并由物业定期清洁。自助咖啡店配备自助咖啡售卖机。区域内放置自助售卖柜，供应冷饮、小吃及点心等。此外，还设有智能储物柜供用户使用，可根据市场需求设置专用或共享模式。

2. 创业孵化平台及服务

翡翠社区西南区以"双创文化"为特色,对长期处于闲置状态的会所进行重新整修、智能化升级,转变为创业中心。这个区域不仅提供政策发布和解读等知识文化整合服务,还引进了杭州知识产权运营公共服务平台,为创业团队提供全方位知识产权服务。同时,引入余杭图书馆的阅书吧文化资源,一楼设立共享书房,二楼则打造共享办公区,实现空间的高效利用,为创业人才提供一定的资源服务。

(七)交通:"管理有序、智慧引领",维护社区高效连续流动秩序

基于未来交通指标(如表6-15所示),翡翠社区重点从车辆通行、低碳出行、物流配送等方面来设计未来交通场景。

表6-15 未来交通指标

一级指标	二级指标	指标性质	指标内容
未来治理指标	交通出行	约束性	保证步行10分钟可达公交站点;实现"小街区、密路网"布局;畅通社区内外道路,提高出行便利性
		引导性	确保社区道路网络全面通达;社区对外公交站点设有便捷换乘设施;建设交通信息发布系统和平台;提供定制公共交通等个性化出行服务
	智能共享停车	约束性	建立智能停车系统,实现车位管理、停车引导等功能;通过共享停车提高车位利用率,实现5分钟内停车
		引导性	应用自动导引设备(AGV)智能停车技术等

续表

一级指标	二级指标	指标性质	指标内容
未来治理指标	供能保障与接口预留	约束性	新建车位预留充电设施安装条件
		引导性	鼓励开展停车位充电设施改造；预留无人驾驶、智能交通运行等车路协同建设条件
	社区慢行交通	约束性	建立安全、完整及对所有人开放的步行环境
		引导性	建立安全、完整的自行车道网络；提高社区慢行交通网络密度；配置社区风雨连廊等
	物流配送服务	约束性	实现30分钟内包裹由社区配送到户；设立智能快递柜、物流服务集成平台等智能物流设施；配置物流收配分拣和休憩空间
		引导性	采用智能配送模式，如末端配送机器人等

资料来源：《浙江省未来社区试点创建评价指标体系（试行）》。

1. 车辆通行

第一，创建智能共享停车系统，引入智能停车理念，以满足居民的实际需求。第二，构建完备的停车配套设施体系，考虑预留安装充电设施，并提供一定比例的非机动车充电设施。第三，整合并对接社区内所有停车管理系统软件平台，打造智能停车平台，具备车位管理、共享停车和停车引导等功能，利用办公商业的错时停车方式提高停车位利用率。第四，引入智慧停车解决方案，允许业主进行无感支付，将车牌信息录入并与车辆绑定，实现车牌识别系统通行，提升出行效率，便捷生活。第五，借助电梯调度技术确保安全高效的乘坐体验。

2. 低碳通行

翡翠社区提倡通过TOD交通换乘和休闲慢行系统，推动绿色、低碳、步行友好的交通设施，结合特色空间和绿化景观，打造复合立体的慢行交通系统。社区 TOD 对外交通衔接主要包括五个方面：共享单车便于居民出行，地铁三号线高教路站无缝连接四大区块，社区门口即有公交车直达市区，社区自有巴士密集运营直达市区黄龙，以及风雨连廊直通家门。

3. 物流配送

翡翠社区建立社区物流快件分拣中心，并在末端设立智能快递柜，结合物流智慧服务系统以及实时分配园区跑腿服务，以提高效率和便利性。社区物流分拣中心将满足集散需求，并根据业主和地块需求进行设置。快递人员经过门岗人脸识别确认身份后，可进入小区并前往社区物流分拣中心进行快件处理。大件物品将暂存于中心并通过 App 和短信提醒业主取件，而中小件快递则会投放至智能快递柜，并通过 App 通知业主取件，以提高社区物流服务的便捷性和高效性。

（八）建筑："混合立体、疏密有致"，营造品质共享的建筑空间

基于未来建筑指标（如表 6-16 所示），翡翠社区重点从空间集约开发、建筑公共空间与面积等方面来设计未来建筑场景。通过推进"大疏大密"集约高效的 TOD 布局模式，打造绿色宜居空间与社区精神地标，打造"艺术与风貌交融"的未来建筑场景。

表 6-16　未来建筑指标

一级指标	二级指标	指标性质	指标内容
未来建筑指标	CIM 数字化建设平台应用	约束性	应用统一的社区信息模型平台，建立数字社区
		引导性	将 CIM 平台功能扩展至城市区域，运用于城区的综合开发建设

续表

一级指标	二级指标	指标性质	指标内容
未来建筑指标	空间集约开发	约束性	按TOD原则实现开发强度梯级分布、空间布局疏密有序、功能多元复合，促进地上地下综合利用，与地下管廊紧密结合
		引导性	确保公共服务设施与交通站点无缝衔接；充分开展地下空间开发建设；开展综合管廊建设
	建筑特色风貌	约束性	注重延续历史文化记忆、加强历史文化遗存保护，建筑风貌体现地域文化特色；采用地面、平台与屋顶相结合方式，创新配置空中花园，打造立体多层次复合绿化系统
		引导性	基于地方风貌基底与城市肌理，建立完整风貌控制体系；打造社区文化标志建筑物（含构筑物）；合理配置花园阳台
	装配式建筑与装修一体化	约束性	新建建筑不低于绿色建筑二星级且不低于当地绿色建筑专项规划的星级建设要求；新建建筑应用建筑工业化（含内装），采用标准化设计、工厂化生产、装配化施工、一体化装修、信息化管理，并符合《浙江省装配式建筑评价标准》要求
		引导性	单体新建建筑绿色建材应用比例高于70%；新建建筑应用新材料新技术新工艺；鼓励对标健康建筑标准
	建筑公共空间与面积	约束性	建设综合型社区邻里中心；利用新建建筑底层架空、保留建筑功能改造、各类户外场所复合利用等方式，合理配置社区共享空间
		引导性	采用套内建筑面积计算方法；推广建筑弹性可变房屋空间模式

资料来源：《浙江省未来社区试点创建评价指标体系（试行）》。

1. 空间集约开发

基于以人为本的规划理念和TOD空间集约化模式，以地铁三号线为主轴，充分利用城市地上和地下空间。同时，打造综合型城市立体交通空间，将商业、居住、教育、休闲服务融为一体。

2. 建筑公共空间与面积

通过多层次、多角度地利用现有空间，完善翡翠社区的特色邻里中心，充分利用会所和建筑架空层等空间，增设共享书房、创业交流等社区共享空间，以丰富社区生活。未来建筑九大场景如图6-15所示。

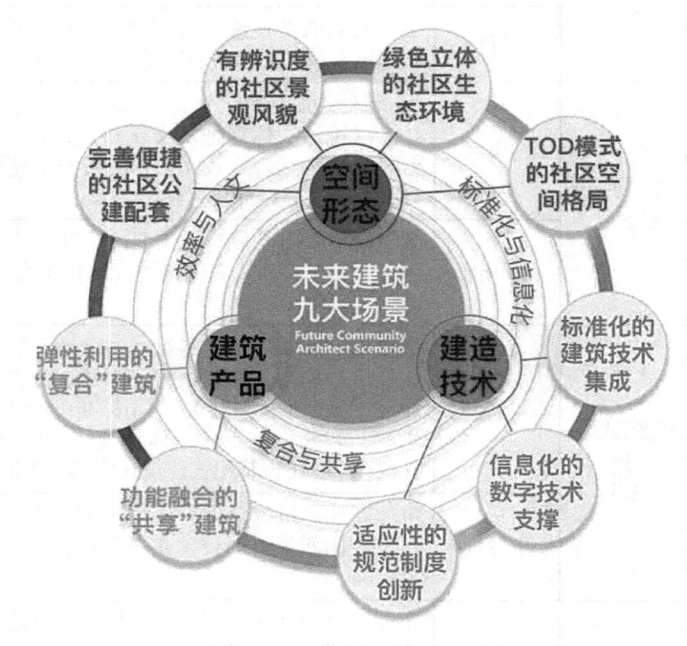

图6-15 未来建筑九大场景

资料来源：浙江省创意协会."未来社区"九大场景，改变你我生活！[EB/OL].(2019-04-15)[2023-08-10].http://www.zj-creative.com/index.php?m=Home&c=Lists&a=new_detail&id=10897.

（九）低碳："分类分级、多元协同"，实现社区能源供应降低成本

基于未来低碳指标（如表6-17所示），聚焦多能集成、节约高效、供需协同、互利共赢，翡翠社区重点从社区综合节能、资源循环利用等方面来设计未来低碳场景。

表 6-17　未来低碳指标

一级指标	二级指标	指标性质	指标内容
未来低碳指标	多元能源协同供应	约束性	建设"光伏建筑一体化+储能"的供电系统；提高可再生能源利用比重；全拆重建类和规划新建类进行互利共赢能源供给模式改革，引入综合能源资源服务商
		引导性	实现集中供热（暖）供冷；采用"热泵+蓄冷储热"技术；预留氢能和燃料电池技术应用接口；构建近零碳能源利用体系
	社区综合节能	约束性	新建建筑采用超低能耗节能技术；提高社区综合节能率；依托社区智慧服务平台，搭建智慧集成的能源管理及服务平台
		引导性	创建能源互联网、微电网技术利用；布局智慧互动能源网；推广应用近零能耗建筑
	资源循环利用	约束性	生活垃圾源头减量；生活垃圾分类全覆盖；绿化等公共用水采用非传统水源；采用节水型洁具
		引导性	促进垃圾分类和资源回收体系"两网融合"；提高垃圾资源化利用率；促进分质供水；提高雨水和中水资源化利用

资料来源：《浙江省未来社区试点创建评价指标体系（试行）》。

1. 社区综合节能

整合社区的水、电、气等供能资源管理，采用高效采集、节能管控和智能分析等手段，以指导社区的科学调度，优化能源利用，实现节能降耗的目标。

2. 资源循环利用

积极支持社区垃圾分类工作，运用视频 AI 技术和物联网技术，结合正确引导、监督和激励机制，以实现社区垃圾分类效果的提升和废物资源化的目标。社区已完全覆盖生活垃圾分类工作,并设立积分兑换活动,通过积分兑换垃圾袋并利用智能浇灌系统浇灌植物,采用非传统水源,以实现节能节水的目标。

二、多跨场景应用设计

(一)多跨场景的概念

"场景"一词最初来源于戏剧和影视剧,在数字化领域中,它指的是需求发生的场合和背景。多跨场景应用则可解释为:通过整体观念、系统性思维,跨越不同行业、领域、部门,针对不同需求在更广泛的背景下进行分析、评估、决策,从而推动数字化改革的系统化、高效化。目前,多跨场景应用是推动各领域数字化改革的关键手段,5G、工业互联网等技术都是跨场景应用的成功案例。

实现多跨场景应用需要考虑四个方面:首先,充足的资金支持是技术创新的基础保障;其次,数据治理是必备条件,解决数字化改革中应用系统化需求与碎片化供给之间的矛盾;再次,是创新驱动力推动科学发展,着重解决新技术开发和应用的难题;最后,人才引领也是至关重要的,包括具备数字管理、技术和场景应用知识的组织者,懂得顶层设计、塑造应用文化和环境的中层执行人才、跨界专业人才,能够综合应用网络、数据和技术等数字要素的综合型人才。

(二)多跨场景落地未来社区

翡翠社区在实施单元面积内的发展中,各个区块利用基础条件优势,打造特色亮点，实现优势互补、相互补充的便民生活圈。例如，东南区将打造以邻里为特色的未来邻里场景，作为志愿服务总部和社团总部所在地；西南区将通过提升会所空间，创建未来创业场景；东北区将通过引入社会教育机构、设立社区书房等举措，借助翡翠天地商业街和幼儿园的成熟运营，打造未来教育场景；西北区将设立社区卫生服务中心，打造未来健康场景。与此同时，通过构建线上数字化平台，整合线上和线下资源，实现社区资源的综合利用。

翡翠社区提出了"2+2+2+3"服务规划，旨在搭建基于数字平台的管家服务模式，实现"线下管家＋线上平台"的综合服务系统，以全力支持翡翠社区服务理念。数字化建设方面，借助"绿城生活"App 智能化服务平台，并结合未来社区新功能，连接综合指挥中心、综合执法平台、市场监管平台和便民服务平台等四大基层治理平台，并与城市大脑进行互动连接，首创集社区党建、居民自治、公共安全、公共服务和公共文化于一体的未来社区数字治理驾驶舱，形成未来社区的整体治理中心。通过实时收集社区设备和日常服务数据，运用 AI 算法进行建模分析，为社区运营管理提供决策支持。

翡翠社区数字化展厅是由绿城科技产业集团打造的，展厅生动展示了"九大场景"智慧化应用场景，并详细阐述了翡翠社区打造"数字化邻里安居城"的建设理念，清晰呈现九大场景的应用逻辑和实现形式。

数字云图驾驶舱成为未来社区的整体治理中心，与街道政府、物业管理、社区商家等实现连接，实时收集社区设备和日常运行服务数据，并利用 AI 算法进行建模分析，支持未来社区实现精密治理、高效管理、优质服务、智能兴业，为社区运营管理决策提供支持。

借助"秀丽翡翠"小程序的邻里板块，通过"话题""达人""社群"三要素串联邻里关系，提供社群建设、志愿服务、红黑榜、议事堂等综合服务，重新塑造社区邻里关系。并且利用线上运营的优势，建立邻里积分体系和声望机制，促进居民之间形成共建共治、邻里和谐的氛围。通过社区表彰和声望激励机制，鼓励居民积极传播正能量，营造良好社区氛围。

围绕居民交流和社区治理，建设社区文化体系，包括通用文化和特色文化。通用文化包括客厅聚会、四季活动、家庭活动和邻里生活节，涵盖邻里交流、健康、教育、创业和服务等多个领域，为居民提供线上交流平台和线下活动管理。通过邻里中心空间设计，引入多跨场景服务，在社区礼堂、共享空间等地规划丰富的教育、健康和娱乐活动，丰富居民互动空间。

翡翠社区在多跨业务协同改革方面致力于共享健康数据和协同健康预防，结合居民健康档案系统等机制，推动数字健康管理在儿童健康、养老等领域的应用。通过融合科技与人文、品质与艺术，实现多方位场景的运用，勾勒出翡翠社区的建设发展愿景，打造独具特色、与社区氛围相契合、富有魅力的未来社区实践样板，助力从愿景蓝图到实践落地的过渡。

第四节 资金平衡设计

第一，资金预算是首要考虑的问题。翡翠社区的建设资金主要来自企业投入，辅以政府补助。针对各项提升建设内容，如数字化管理平台开发建设、智慧展厅设计建设、智能化提升建设以及特色文化公园，都需要进行资金预算。翡翠社区提升投资预算设计如表 6-18 所示。

表 6-18　翡翠社区提升投资预算设计

序号	提升建设内容	建设预算/万元	建设资金来源
1	数字化管理平台开发建设		
2	智慧展厅设计建设		
3	智能化提升建设		
4	特色文化公园		
5	双创空间		
6	共享交流空间		企业投入为主
7	共享图书馆		政府补助为辅
8	社区客厅议事厅		
9	社区礼堂建设		
10	日料中心		
11	中医保健中心		
12	社区食堂		
13	未来教育		
14	社区商业提升		
	合计		

第二，进行运营期资金平衡测算。运营单位作为本阶段实际操作的主体，负责完成社区运营所需的工作。通过对当地基本物业费和租金的调研，进行运营期间收入和支出的测算。收入包括人才房租金、商业办公租金、停车位租金、智慧运营收入、广告等其他经营性收入，以及增值物业收入和其他收入；支出则包括运营成本、基础物业服务补贴成本、智慧平台运营成本和其他支出等。运营期资金平衡测算设计如表 6-19 所示。

表 6-19　运营期资金平衡测算设计

类别	项目	金额/万元	面积/平方米	单价/万元每平方米	孵化期金额/万元	上升期金额/万元	成熟期金额/万元
收入	人才房出租收入						
	商业办公出租收入						
	停车位出租收入						
	智慧运营收入						
	广告等其它经营性收入						
	增值物业收入						
	其他收入						
支出	大运营成本						
	基础物业服务补贴成本						
	智慧平台运营成本						
	其他支出						

测算说明：
1. 根据运营成熟度，考虑商业、停车位、广告等经营性收入在各个阶段的实际收入比例，进行运营测算与推演。其中，孵化期金额按实际收入的 100% 计算；上升期金额按实际收入的 105% 计算；成熟期金额按实际收入的 105% 计算。
2. 大运营成本包含类目：邻里文化建设、社区公约制定、社群组建、邻里活动组建、共享图书馆、邻里中心等单体运维等。
3. 基础物业服务补贴成本包含类目：保安、保洁、保修等基础物业服务成本，即"基本物业零收费"的补贴费用。

翡翠社区整合提升后，可以通过整合社区和物业用房的经营性收入，利用科技替代人力以提升效率，实现减员增效，降低服务和运营成本。采用租售结合的物业运营模式，建立多维复合的服务运营模式，共同构建未来社区的运营管理模式和融合线上线下的运营支持模式。结合引入商业资源，打造社区自我盈利能力，最终实现翡翠社区社区的自运营平衡。

第三，对运营不确定性进行评估。为翡翠社区的运营阶段建立一套不确定性和风险评估体系。具体操作包括：首先，确定可能对项目效益产生重大影响的关键不确定性因素，如人才房出租率和价格、商业办公出租率和价格、停车位出租率和价格、智能运营收入等。其次，确定这些不确定因素的变化率。最后，在确定的变化率下计算运营期净现值的变化率，计算敏感性系数，并确定临界点，制作敏感性分析表和分析图。

第五节 治理模式总结

翡翠社区经过长时间的探索、实践和总结，形成了自己独特的"翡翠模式"。

一、"党建引领+五社联动+四区协同"的工作模式

翡翠社区通过社区、居民、开发商、物业和业主委员会之间的共同协商达成一致，形成了基础建设的共识。同时，社区、社会工作者、社会组织、志愿者和公益慈善资源等力量联合，建立了"党建引领+五社协作、四区合作"的治理模式。在这一模式中，"党建引领"是指社区党委发挥带动作用，各单位和委员积极参与翡翠社区建设；"五社协作"则是社区、社会工作者、社会组织、志愿者和公益慈善资源的联动；"四区合作"是指东南、东北、西南、西北四个实施单元共同协作。翡翠社区在整体交流后达成了共识，各区居民一致支持改造意见，愿意实现资源共享，共同致力于打造美好家园，有效提升社区居民的归属感、舒适感和幸福感。

二、"数字化 + 管家"的智慧服务模式

翡翠社区坚持"政府导治、社区智治、居民自治"创新理念，利用社区综合数据平台，鼓励居民积极参与志愿活动，促进社区基金会和议事会等自治组织发展，建立未来社区共建、共治、共享的智能治理机制。早在2014年，翡翠社区就启用了"绿城生活"App 智能服务平台，建立了数字化 + 管家服务模式。未来，翡翠社区将在原有数字服务平台的基础上整合RPA（机器人流程自动化）、社区工作台、综合驾驶舱、数据服务系统、物联网系统以及 Open API（开放应用程序接口）服务，构建"1+N"未来社区系统，打造"社区智慧中脑"支持未来社区的"精密治理、高效管理、品质服务、智慧兴业"等九大数字化场景应用，为未来社区的持续运营奠定基础。

三、社团带动下的邻里共享互助模式

翡翠社区经过多年的建设和运营，已建立了 17 个社团，吸纳了超过千人的核心社团成员，并成立了超过 350 人的星火志愿者团队。在社区、社团、志愿者和服务商的统一组织下，每年、每月、每周都会开展各种邻里活动，比如历时 10 多年的"海豚计划"为成千上万的小业主提供了免费的游泳技能培训，未来还将继续举办四季邻里节活动。在现有邻里资源基础上，规范各睦邻社管理，鼓励更多业主积极参与邻里活动，并利用自身专业知识、兴趣爱好和资源形成邻里共享互助平台。为提升社区邻里文化，翡翠社区将建立特色的邻里公约、邻里文化标识系统，并打造独特的文化公园，同时在线上推广特色邻里活动，提高中青年群体的参与度。

四、教育、康养提前导入的基础配套模式

在社区生活中，老年人和儿童是参与度最高且最需要安全居住环境的群体。翡翠社区已经完善了从早期教育到中小学的教育资源支持。为了提升居民体验，每个实施单元的邻里中心或物业用房将建设"四点半课堂"、成长驿站和颐乐学堂，同时提供线上学习和培训资源，吸引中青年学习，实现全龄段教育覆盖。随着老龄化的加剧，社区养老服务需求日益紧迫。翡翠社区倡导时间银行的形式，调动有活力的老年人共同支持，丰富退休生活。同时，在西北区新建日间照料中心总站，其他三区为分站，在现有健康管理基础上，结合居家养老和社区日间照料中心，提供专业服务，并与物业服务相结合，充分满足长者的幸福感和获得感。

五、政企共建、成效共享的合作模式

优质市场主体具备雄厚的资金实力、丰富的市场资源和先进的运营理念，政企合作共建未来社区是对社区和居民的重要利好。翡翠社区通过政企共建的合作模式，实行政府引导模式，鼓励第三方采用成本低廉的商业方式逐步运营，减少政府财政支出，增强项目单位经济实力，实现社区运营经济平衡，确保运维的可持续性，同时减轻基层负担，增加企业收益，为居民带来利益。在实际运营中，政府主要协调监管和党建治理等工作，而绿城集团则需要负责各类型场景的运营和维护，以发挥其市场效率。通过政府利用空置空间和让出利润空间的方式，翡翠社区引入了7家单位，落地了13个子空间进行运营，实现了共享成果的双赢局面。

Chapter 7

| 第七章 |

未来社区治理挑战

未来社区作为一种精简版的智慧城市，将涵盖生活的各个方面，并涉及复杂多样的利益关系。彭特兰（2015）指出，世界已经演变成为人类与技术共生的整体，虽然拥有强大力量，但也存在致命弱点。未来社区是科技进步和城市治理交汇的新生事物，信息技术的便利、高效和迭代性会推动社区生活智慧化，但同时也会给社区带来诸多现实挑战，包括技术、空间、制度、伦理、监管和应用等方面。

第一节　技术挑战

未来社区将信息技术融入城市社区，旨在建立理性科学的城市社区，但同时也面临着技术治理所带来的挑战。

首先是昂贵的技术投入问题。未来社区通过信息整合和智能感知等技术实现社区生活的智慧化，这意味着需要昂贵的技术投入。目前尚未就技术成本由政府、企业还是居民分担达成共识，因此需要防止未来社区成为新一轮房地产投机的借口。

其次是复杂的技术错觉问题。韩志明（2019）指出，在城市治理中存在着技术赋权、技术万能、技术替代和技术共赢的错觉，这些错觉同样存在于未来社区的智慧治理中。除了技术短缺、技术威胁、技术垄断等问题外,还需警惕未来社区成为数据孤岛或技术的傀儡。

再次是多重的社会分化问题。信息的爆炸式增长和技术的不断迭代更新,容易引致信息、利益以及阶层分化。技术领域的领先者由于对技术的长期垄断,无形之中加剧了上述分化问题,导致贫富差距日益扩大。

第二节 空间挑战

未来社区依托于高科技,将社区空间透明化,居民之间、居民和信息技术之间、个人隐私和共享空间之间、现实和虚拟之间的界限被打破(美国德鲁克基金会,2006)。

首先是社区共享空间不可避免地扩展。未来社区利用人工智能技术聚集了大量信息,能够为社区居民提供个性化和定制化服务,但这些需要居民让渡其信息权利。如果未来社区的共享空间和技术空间不受任何限制,将延伸至居民的私人空间。

其次是私人生活空间的伸缩不定。一方面社区居民由于对数字生活的依赖度较高,个人隐私空间被包裹在数字技术中,容易暴露在外。另一方面,数字化带来的便利性使得居民生活似乎又享受到独立的空间。

再次是虚实空间边界模糊不清。未来社区通过网络技术将虚拟世界和真实生活联系在一起,但是模糊的虚实空间界限不清,使得居民的隐私空间、信息安全和消费权益等缺乏相应保障。

第三节 制度挑战

未来社区尚在发展之中，其智慧生态系统不够健全，数智平台之间的兼容性较差，技术应用环节相对割裂，存在数据安全漏洞和风险等。这些漏洞和风险产生的主要原因在于未来社区建设的相关制度相对落后，不及智慧系统的发展速度。

首先，缺乏正式制度。正式制度通常包括法律法规、政策准则和组织规章等，它们能够为社区提供明确的引导和规范，对社区的组织结构、运作方式和行为准则起着关键作用。未来社区在人工智能、虚拟共享、无人驾驶等新技术领域的准入政策、安全标准、共享规则等方面落后，导致技术发展容易脱离规章的约束和引导。另外，受限于缺乏规范，当社区出现混乱或问题时，很难确定责任和追责，可能会加剧社区内部的矛盾和纠纷。

其次，非正式制度建设滞后。在未来社区中，完善的非正式制度能够为社区注入持续动力，促进社区居民之间的合作、互动和共享。然而，由于未来社区中的公约、人机互动准则、人工智能道德规范等非正式制度体系还未建立或完善，容易造成社区居民之间的沟通不畅、互动不足，同时也可能导致规范意识的淡漠和道德标准的不统一，影响社区内部的秩序和稳定，甚至对社区的可持续性和发展潜力带来负面影响。

最后，社区居民的制度意识需要进一步提高。在未来社区中，由于社会结构、生活方式和科技进步等因素的影响，居民对社区规章制度的理解不深入，缺乏合作精神、社会责任感和尊重他人利益的意识，从而不利于社区长远发展。

第四节 伦理挑战

未来社区被虚拟信息技术和人工智能所渗透，随着社区共同体向人机共同体转变，人的角色逐渐淡化，这带来了社区居民与人工智能之间的伦理挑战。

首先是人工智能的合法性问题。随着人工智能技术的发展和在未来社区中的广泛运用，涉及社区居民的隐私保护、数据安全、智能设备使用等方面的合法性问题。

其次是社区生活变得单调无趣。随着科技的发展，人们可能将更多时间花在了虚拟世界中，对未来社区生活的参与和关注更多依赖于数字技术的模块化和程序化，社区居民之间缺乏互动和交流，社区活动和文化氛围贫乏，生活变得单调乏味，严重影响居民幸福感。

最后是人的生存和发展目标受到怀疑。技术治理会将人类视为机械化对象，严重限制了人类的发展空间，甚至对人类的主体价值构成威胁，对社会的道德、文化和信仰造成了颠覆性的影响（波斯曼，2007）。随着科技的不断进步和人工智能技术的广泛应用，人类面临着被技术取代的可能性，个体的劳动价值和社会地位可能会受到挑战，导致人们对生存和发展的目标产生怀疑。

第五节 监管挑战

未来社区中智能科技的创新探索广泛而深远，每个领域的发展潜力都无法估量，而实现智慧监督的理念、技术和能力却很难与其迅速变幻的发展形势相匹配。

首先是监管范围存在一些盲点。随着智能科技在未来社区的广泛应用，个人数据的收集、存储和利用变得日益普遍。然而，监管机构可能存在数据隐私和安全的监管盲区，难以确保个人数据不被滥用或泄露，导致隐私权受到侵犯。监管机构也可能缺乏相应的监管框架和法规，难以有效应对这些挑战，导致社会伦理和公正领域存在监管盲区。

其次是监管技术面临一些障碍。监管技术通常需要利用高度复杂的技术工具和系统，包括大数据分析、人工智能、区块链等技术。未来社区中产生的大量数据需要进行收集、整理和分析，以便监管机构进行监督和管理。然而，数据的收集和分析过程可能受到访问限制、数据隐私和安全等问题的影响，导致监管技术应用受到限制。

最后是监管对创新发展产生约束。监管机构可能制定了过于刻板的监管规定，限制了未来社区内部的创新活动。随着未来社区中出现的大数据应用，数据隐私和安全问题日益凸显。监管机构需要制定相应的数据隐私和安全标准，然而这些标准可能会限制一些创新应用的发展，造成监管与创新之间的矛盾。

第六节　应用挑战

在未来社区中，CIM 等智慧系统有助于提升社区的智能化水平、改善居民生活、促进可持续发展等，但其应用仍面临一些挑战。

首先是数据整合和质量有待优化。未来社区中涉及的数据来自不同领域，如建筑、交通、能源、水务、运营等相关数据，这些数据的格式、来源和质量可能存在差异。确保数据的协同性、互操作性和一致性，是面临的挑战，需要解决不同数据系统之间的标准化和互连问题。

其次是技术更新和维护面临障碍。CIM 等智慧系统通常需要随着技术的进步持续更新和维护，涉及硬件、软件、设备升级等领域，在人力、时间和成本等方面存在挑战。

最后是社会接受和普及力度不足。CIM 等智慧系统的应用需要得到相关部门、企业和社区居民的支持和认可，促进 CIM 等智慧系统的推广和普及，提高社区的信息化水平和基础设施管理水平，是需要解决的重要问题。

Chapter 8

| 第八章 |

未来社区治理路径

未来社区的智慧治理应用，主要是通过建设与实体社区相呼应的数字孪生社区，运用科技赋能治理，将科技转化为治理能效（曾智洪等，2020）。2019年10月31日，《中共中央关于坚持和完善中国特色社会主义制度、推进国家治理体系和治理能力现代化若干重大问题的决定》中提出"建设人人有责、人人尽责、人人享有的社会治理共同体"。所谓"社会治理共同体"，是指由党委、政府、社区、物业企业、社会组织、居民以及其他利益相关者等多元主体构成，为了社区的公共利益，共同对社区进行服务、治理的有机整体。社会治理共同体作为重新塑造基层社会治理的根本性力量，能够为困难社区提供治理方案，显著提高社区治理效能，为社区治理多元化、服务现代化、功能精准化和参与常态化提供可行路径。

第一节 "五社联动"促进未来社区治理多元化

身处社会中的每一个人既是社会治理的对象，更是社会治理的力量，都有责任和义务参与社会治理。随着居民生活水平的提高，各种社区问题日益显现，如社区服务供不应求、社区服务力量单薄和无法满足居民诉求等。如何打通这"最后一公里"成为未来社区治理探索的重点。社会治理共同体将"三社联动"升级到"五社联动"（如图8-1所示）。"五社联动"，是坚持党建引领，由社区居委会发挥组织功能，以社会组织为载体、社区为平台、社会工作者为支撑、社区志愿者为辅助、公益慈善资源为补充的现代基层治理行动架构。

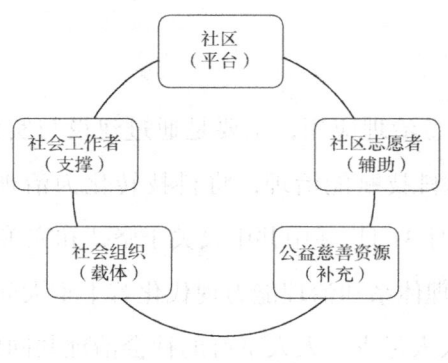

图 8-1 "五社联动"

通过社会组织与公益企业携手，带动社区、企业、社会志愿者融入社会组织，形成以居民需求为导向、社会组织为工作载体、社区企业为伙伴的模式，以更好地服务参与者，传递社区温馨，凝聚民心，让居民更大限度感受到关怀。多元共治，不仅有助于维护井然有序的未来社区空间，还有利于改善居民物质环境和社会环境，增强居民的参与感和沟通感，有效保障居民利益，达成善治目标，推动建立社会治理共同体。

合作均衡型的多元主体协作关系，提倡在城市社区治理中充分发挥各行为主体的有机能动性，建立企业、社会组织和民众等多元主体相互合作与制衡的关系，从而实现均衡协作。在这种关系模式中，街道办事处作为政府行为主体，对城市社区事务治理进行顶层引领；而企业、社会组织及民众三大行为体，则相互形成一种各自独立又互相关联的平级关系（城市社区治理的多元主体协作关系如图 8-2 所示）。

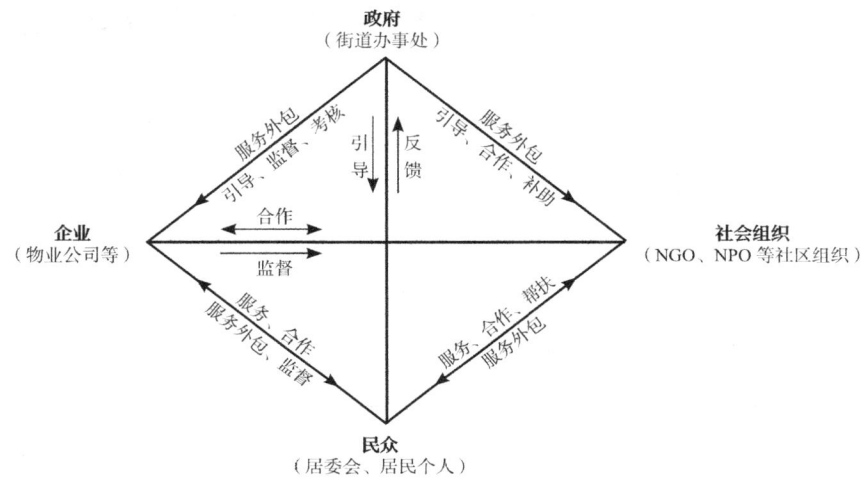

图 8-2　城市社区治理的多元主体协作关系

针对不同类型的城市社区治理事务，各大治理主体间可构成有差异的协作关系。一般来说，城市社区的治理事务可分为管控型事务、服务型事务和自治型事务三种。管控型事务包含社会保障管理和社区执法等强制性公共管理与执法监督活动，需要政府机构全权负责管控以保证社会公平与秩序。服务型事务则主要包括各类社区公共服务，以政府为指导，引入市场机制，充分发挥企业、社会组织和民众力量，强调多个主体间的协作互动，从而更好地满足社区多元化的需求。考虑到企业营利性与社会组织公益性的差异，一般可以将下岗职员培训、残疾人救助等福利型公共事务外包给社区的非营利性组织，而将街道打扫、设施维修与服务等外包给营利性企业。

第二节 "平台+管家"模式推动未来社区服务现代化

在未来社区创建中,已有多地积极实践应用"平台+管家"模式,以线上未来社区智慧服务平台与线下社区管家联动的方式,高速响应并解决社区生活中遇到的各种问题,以社区居民需求为核心,提供全方位、整体性的公共服务解决方案。采取"平台+管家"模式的智慧服务系统可实现物与物、物与人、人与服务之间的全连接,打造数字孪生社区,实现"云端城市大脑""社区平台中脑"和"居民终端小脑"的联动。

在高度复杂的后工业化时代,社区治理的一个重要挑战是治理需求难以识别,甚至是需求者本身也难以明确勾勒和描述真实的治理需要。需求者不愿意投入时间和精力表达治理需求或参与共同治理,即便是本身愿意表达治理需求,但也可能因为需求复杂,治理目标很难达成一致。"平台+管家"模式在未来社区服务中的广泛应用,打破了社区管理与居民之间在

图8-3 始版桥未来社区运营中心

资料来源:绿城理想生活中标杭州始版桥未来社区数字化项目[EB/OL].(2021-01-22)[2024-08-10].http://www.ela.cn/index.php?g=ela&m=index&a=show&id=6882.

时间和空间上的限制，时空复用有效降低了在社区中交流互动的成本，丰富了社区服务的渠道（始版桥未来社区运营中心如图8-3所示）。

第三节　场景因需落地实现未来社区功能精准化

《浙江省未来社区建设试点工作方案》勾勒出浙江未来社区建设的九大场景，包括未来邻里、未来教育、未来健康、未来创业、未来建筑、未来低碳、未来交通、未来服务和未来治理。例如，未来邻里包括城市文化公园、开放社区形态、邻里公共空间、"人人贡献"积分机制、邻里积分换服务、邻里一站式综合服务、邻里精神标识、邻里文化再生、邻里公约认同等九大场景，如图8-4所示。但是在每个未来社区的具体建设中，各个社区应瞄准居民所忧所急所盼，针对不同情况，因地制宜、因需落地九大

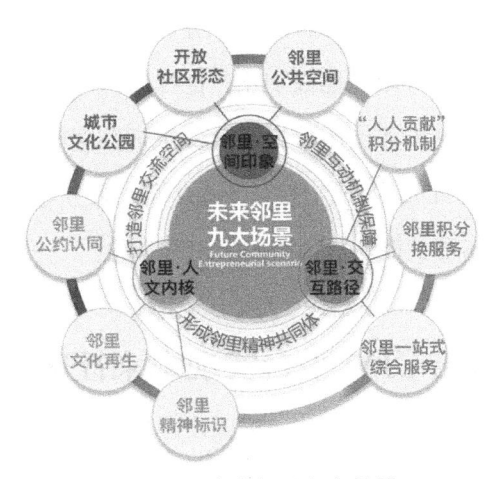

图 8-4　未来邻里九大场景

资料来源：浙江省创意协会."未来社区"九大场景，改变你我生活! [EB/OL].(2019-04-15)[2023-08-10].http://www.zj-creative.com/index.php?m=Home&c=Lists&a=new_detail&id=10897.

场景，进而对未来社区的功能进行精准化管理和服务，在更高水平上实现幼有所育、学有所教、劳有所得、病有所医、老有所养、住有所居、弱有所扶。

第四节 数字积分机制推动未来社区参与常态化

居民是社区的主体，居民参与是社区治理的核心。当前，未来社区治理普遍面临居民参与比例低、参与方式单一、居民之间以及居民与其他治理主体之间由于缺乏有效的沟通而难以达成共识与合作等问题。建设"人人有责、人人尽责、人人享有"的社会治理共同体，需要解决一个关键问题——激励，即如何激发广大居民参与未来社区共同治理的积极性。

未来社区通过构建数字积分机制，集合社区内知识技能共享积分、环保积分、公益活动积分、贡献积分、声望积分、运动积分等多样化内容，把社区治理的内容和行为最大限度地数字化，把社区治理的责任和主体进行精准对应，通过非货币介质服务应用数据平台，包括社区商业联盟服务、社区定制化服务、共享资源优先服务、社区五星级管家服务等，建立积分换服务、服务换积分的激励体系，推动社区居民参与常态化。

第五节 依托 CIM 平台实现未来社区数字化治理

CIM 平台作为综合信息集群管理平台，汇聚未来社区全生命周期数据，从试点申报、方案设计、初步设计、施工图设计、施工到运营，为未来社区提供动态的可视化监管和数字资产积累，可实现数字孪生社区与现实社区同生共长（未来社区 CIM 平台"1+N"总体架构见图 8-5）。在后期运营阶段，充分使用建设过程汇聚的各类信息和社区数字化模型，对接智慧服务平台，有利于在社区运维中发挥数字资产价值。总之，通过引入全域统一的 CIM 平台，可极大地节省人力、财力、物力，同时严格控制红线、容积率、资金平衡等重要指标，从而推动未来社区的高质量建设和可持续发展（王国平，2019）。

图 8-5　未来社区 CIM 平台"1+N"总体架构

资料来源：华东勘测设计研究院. 华东院未来社区 CIM 平台入选城市社区智慧治理"十佳案例"[EB/OL].(2020-10-19)[2024-08-20].https://www.hdec.com/cn/detail.aspx?type=news&id=215314.

组织政府有关部门、规划设计单位、社区管理单位对 CIM 进行学习，了解 CIM 的优势，加快落实 CIM 的应用；打通政府、社会的信息壁垒，促进信息交互流通，为 CIM 的搭建奠定基础；在社区发展规划中积极引入 CIM，促进规划、建设、管理全流程应用；加快对 CIM 社区场景的研发，不断创新 CIM 的应用场景，扩大 CIM 的应用范围；创新多方协同参与的发展机制，充分发挥 CIM 在未来社区的应用优势（孟志广，2021）。

社会治理共同体作为未来社区治理的根本性力量，能在更高层次、更高水平上释放社区治理的积极因素，为新时代未来社区治理激发活力、增添动力。

第六节　服务数字弱势群体实现未来社区全域均衡化

数字弱势群体是在数字技术发展基础上由传统弱势群体衍生出来的具有数字特征的弱势群体，由于该群体在信息获取、学习能力、社会适应能力等方面存在劣势，未能及时获取信息或有效利用数字技术而被边缘化。数字弱势群体在未来社区人口中的占比并不低，因此，实现数字弱势群体权益保障是建设未来社区的应有之义。

第一，应关注数字弱势群体的权利和权益保护，分析数字治理中这类群体的行为特点和偏好，拓展数字服务的接口，提高未来社区服务与这类群体需要的适配性，优化未来社区数字平台建设。

第二，提升数字技术的应用水平，减少新增的数字风险，切实提高数字技术服务于未来社区居民尤其是数字弱势群体的能力，实现未来社区全域均衡化。

第三，将数字弱势群体倾斜保护融入未来社区的网格治理中，聚焦于未来社区具体场景，精准定位数字弱势者的真正需求，通过培训、演练、帮扶机制等措施提高数字弱势群体的数字素养与技能，使其真正融入未来社区的生活中，实现未来社区的全域均衡化。

Chapter 9

| 第九章 |

总结与展望

第一节　研究结论

未来社区是现代化城市发展和人民美好生活的重要承载平台，是提升居民凝聚力和幸福感的关键场所。相比于传统社区，未来社区聚焦居民全生命周期需求，围绕社区居民全生活链，开展现代化社区服务，是城市社区现代化建设的重要突破口，有利于形成高质量发展、高标准服务和高水平治理的人民美好幸福家园。

本书以浙江省未来社区为研究对象，以协同治理理论、新公共服务理论、基层民主理论、第三部门理论、公众参与理论、多中心治理理论、网格化治理理论、数字治理理论和社会包容理论等为理论基础，在剖析新加坡、日本、荷兰、加拿大社区智慧治理的国际经验基础上，运用城市学、经济学、地理学、计算机科学、生态学、社会学等多学科思维，以不同类型的社区为例来解析数字化转型背景下浙江省未来社区治理经验。然后，重点剖析整合提升类杭州翡翠社区的基本情况、场景需求分析、场景体系设计、资金平衡设计等，总结归纳未来社区的智慧治理模式及路径。

国外社区智慧治理各有特点，如新加坡的多元参与治理、日本的混合型社区治理、荷兰专为年轻人营造的自治社区以及加拿大的集成式未来社区治理。2019年，浙江省在全国范围内率先开展了未来社区的试点建设工作，历经五年的实践开拓，已经涌现出七批未来社区创建试点名单，遍布浙江省 11 个地级市，从第一批到第七批呈现明显增长的态势，近两年非常重视全域未来社区的创建，在全国具有强烈的示范效应。

浙江省未来社区的治理方式各有特色。杭州七彩未来社区在邻里中心土地混合利用、TOD 立体公交开发模式、数字创新产城一体化、在地文化传承发展等方面有所创新。杭州杨柳郡未来社区重点打造智慧医疗、社区文化、邻里参与和数字治理等核心场景。杭州冠山未来社区侧重于"老有康养""幼有所育"和"居民共治"三个方面。杭州城西科创大走廊全域未来社区从全域进行整体规划，分级分类实施全生命周期管理，重视社区数字化治理。绍兴上虞鸿雁未来社区则充分依托 CIM 平台，实现 EPC 总包，实行全生命周期管理。金华三嘴头充分将 CIM 技术融入未来社区建设的各大场景。衢州高铁新城鹿鸣未来社区注重以人为本，完善基础配套设施，融入多元场景，尤其注重文创特色，形成全域共享空间。温州雅林未来社区以未来社区九大场景为基底，采用 TOD 开发模式实现站城一体化，构建数字化平台形成全生活链服务。嘉兴双溪湖超级未来社区融入 SOD 理念，设计多元化未来场景，有机整合多个未来社区，打造极具活力的超级未来社区。

翡翠社区作为整合提升类未来社区的典型，经过长时间的实践和摸索，形成了自己特有的"翡翠模式"：一是"党建引领＋五社联动＋四区协同"的工作模式；二是"数字化＋管家"的智慧服务模式；三是社团带动下的邻里共享互助模式；四是教育、康养提前导入的基础配套模式；五是政企共建、成效共享的合作模式。

但同时未来社区作为城市发展进程中的新生事物，必然也伴随着诸多风险和挑战，例如技术、空间、制度、伦理、监督和应用等挑战。一是技术挑战，科学城邦基础单元的技术进步与社会分化之间存在悖论；二是空间挑战，未来社群公共空间的共享延伸与隐私保护之间存在悖论；三是制度挑战，未来社区智慧系统的发展扩张与制度滞后之间存在悖论；四是伦理挑战，新社区人机共同体的人机共生和人的主体性之间存在悖论；五是监管挑战，未来社区智能领域的创新发展与监督管理之间存在悖论；六是应用挑战，CIM 技术在智慧治理上的应用挑战。

最后，本书基于社会治理共同体的概念，从五个方面来显著提升未来社区智慧治理效能，包括"五社联动"促使未来社区治理多元化，"平台+管家"推动未来社区服务现代化，场景因需落地实现未来社区功能精准化，数字积分兑换推动未来社区参与常态化，以及依托 CIM 平台实现未来社区数字化治理。

第二节 政策建议

当前，中国的城市发展已经站在新的历史起点上，要根据新发展阶段的新要求，坚持问题导向，推动高质量发展，创造高品质生活，实现高水平治理。然而一个无法回避的问题是，在实现城市高质量发展的进程中，许多城市面临着新的挑战。本书聚焦于研究数字化转型背景下浙江省未来社区的建设与治理实践，认为未来社区数字化治理过程是一个多方协同、长期实践的过程。综合前述内容分析与总结，并结合本书重点关注的整合提升类未来社区，提出如下政策建议。

一是突出邻里中心，集成配套空间。邻里中心集基层治理、社区服务和生活服务三大功能于一体,其实质是集合多种生活服务设施的综合性社区中心,是未来社区九大场景落地的重要依托。邻里中心要坚持"规模能大则大、功能能集中尽量集中"原则来规划建设。新建社区应强化规划引领,统筹资源,打造具有一定规模、功能集成的综合性邻里中心。存量社区可以通过整合社区用房、产权置换、征收改建、插花式改造等方式打造一定规模的邻里中心。

二是突出数字赋能,实现智慧互联。以全省数字化改革为契机,推进未来社区和数字社会深度融合。构建社区 CIM 数字平台和智慧服务平台,并紧密衔接行业主管部门现有的数字应用系统,推动社会事业领域的多跨场景实际应用,让居民轻松享受便捷舒适的社区服务。

三是突出党建引领,推动居民自治。强有力的党组织领导班子是未来社区各种美好设想落地的关键。乡镇党委(街道党工委)要统筹各方资源赋能未来社区,社区要完善党委议事制度,统筹推进未来社区治理和运营管理。通过制定社区公约、构建积分管理系统等方式,调动居民互帮互助、参与社区治理的积极性和主动性,打造新时代有文化底蕴、有人文关怀、有温度的熟人社区。

四是突出服务功能,协同政府市场。要以打造"15 分钟生活圈"为目标,将政府服务职能延伸至社区邻里中心,打通政府提供服务"最后一公里",方便老百姓不出社区就办理各类事项。同时,要坚持市场化思维,积极引入优秀企业和社会组织参与社区运营,尽力提供更多便民、惠民服务,让未来社区拥有持久的生命力。

未来社区建设已经百花齐放,未来社区数字化治理更需齐心协力,从前端建设到后端治理,实现全生命周期管理,助力未来社区高质量发展,真正实现全体人民共同富裕。

第三节 未来研究方向

本书重点探讨了数智时代浙江省未来社区建设与治理创新实践，对构建未来社区数字化治理体系的政策具有一定的参考意义，但仍有改进空间，可作为未来继续研究的努力方向。例如，CIM在未来社区智慧治理的应用上存在的利弊有待深入研究，本书未针对不同群体去深入探究智慧治理。老年人对智能硬件软件的信任问题、现行实践效果的定量评估、未来社区的治理边界等问题有待进一步深化研究，以便更好地推广治理经验，促进社会经济发展。

未来社区是实现人民对美好生活向往的重要新平台，是城市现代化发展的典型单元，同时也是促进新质生产力培育的关键推动力。在当前历史关键时期，未来社区建设与治理面临全球格局和产业变革等挑战，成为推动高质量发展的关键战略措施。浙江省未来社区的治理创新必将带来新思路，为中国其他地区乃至全球社区改革带来重要启示。

参考文献

第一部分 中文文献

奥斯特罗姆, 2000. 公共服务的制度建构 [M]. 毛寿龙, 译. 上海: 上海三联书店.

包胜, 杨淏钦, 欧阳笛帆, 2018. 基于城市信息模型的新型智慧城市管理平台 [J]. 城市发展研究 (11): 50-57, 72.

贝尔, 2002. 社群主义及其批评者 [M]. 李琨, 译. 北京: 生活·读书·新知三联书店.

波斯曼, 2007. 技术垄断: 文化向技术投降 [M]. 何道宽, 译. 北京: 北京大学出版社.

蔡文婷, 方文崇, 朱文, 等, 2023. 基于 CIM/SVG 的电力系统图模数据融合技术 [J]. 沈阳工业大学学报 (6): 656-660.

曹国, 高光林, 丘衍航, 等, 2013. 基于 WorldWind 平台的建筑信息模型在 GIS 中的应用 [J]. 土木建筑工程信息技术 (5): 114-118.

曾智洪, 陈煜超, 朱铭洁, 2020. 城市未来社区智慧治理面临的五大挑战及其超越 [J]. 杭州师范大学学报 (社会科学版) (4): 130-136.

柴贤龙, 徐呈程, 靳丽芳, 等, 2019. 关于浙江未来社区建设若干重大问题的对策建议 [J]. 决策咨询 (3): 65-67.

陈才，张育雄，2020. 加快构建 CIM 平台，助力数字孪生城市建设 [J]. 信息通信技术与政策 (11): 14-17.

陈家喜，2023. 中国城市社区治理的新变化：基于政党功能视角 [J]. 政治学研究 (1): 122-132, 160.

陈寿松，翟国方，葛懿夫，等，2023. 基于 QRH 理念的传染病风险下社区治理与韧性提升研究 [J]. 国际城市规划 (3): 54-62.

陈水生，2021. 迈向数字时代的城市智慧治理：内在理路与转型路径 [J]. 上海行政学院学报 (5): 48-57.

陈伟东，2001. 城市社区民主制度的创新 [J]. 上海城市管理职业技术学院学报 (5): 36-37.

登哈特，等，2004. 新公共服务：服务，而不是掌舵 [M]. 丁煌，译. 北京：中国人民大学出版社.

邓沁雯，王世福，邓昭华，2017. 城市社区智慧治理的路径探索：以佛山张槎 "智慧城市管家" 为例 [J]. 现代城市研究 (5): 9-15, 30.

丁柯汛，徐红，2024. 数字技术赋能社区治理的逻辑与出路：以上海市 Q 街道 "数字孪生" 为例 [J]. 智慧中国 (6): 84-86.

董石桃，董秀芳，2022. 技术执行的拼凑应对偏差：数字治理形式主义的发生逻辑分析 [J]. 中国行政管理 (6): 66-73.

杜明芳，2020. 数字孪生城市视角的城市信息模型及现代城市治理研究 [J]. 中国建设信息化 (17): 54-57.

费德勒，2000. 媒介形态变化：认识新媒介 [M]. 明安香，译. 北京：华夏出版社.

费孝通，1999. 费孝通文集：第 1 卷 [M]. 北京：群言出版社.

耿丹，李丹彤，2017. 智慧城市背景下城市信息模型相关技术发展综述 [J]. 中国建设信息化 (15): 72-73.

郭容昱，2023. 基于 CIM+AI 机器人的大型城市综合体智慧化运维框架研究 [J]. 住宅与房地产 (23): 60-64.

韩志明，2019. 技术治理的四重幻象：城市治理中的信息技术及其反思 [J]. 探索与争鸣 (6): 48-58,157,161.

何海兵，2003. 我国城市基层社会管理体制的变迁：从单位制、街居制到社区制 [J]. 管理世界 (6): 52-62.

胡杰成，赵雷，2020. 城镇老旧小区改造推进启示及建议：浙江省未来社区建设情况调研报告 [J]. 中国经贸导刊 (1): 39-41.

胡明志，陈杰，2023. 住房产权异质性、住房财富与社区治理参与 [J]. 社会科学战线 (2): 76-85.

胡荣，焦明娟，2023. 中国农村共同体建设与社区治理绩效 [J]. 中国农业大学学报 (社会科学版) (5): 5-23.

江文路，张小劲，2021. 以数字政府突围科层制政府：比较视野下的数字政府建设与演化图景 [J]. 经济社会体制比较 (6): 102-112, 130.

江小涓，2021. 加强顶层设计，解决突出问题，协调推进数字政府建设与行政体制改革 [J]. 中国行政管理 (12): 9-11.

姜晓萍，田昭，2017. 网络化治理在中国的行政生态环境缺陷与改善途径 [J]. 四川大学学报 (哲学社会科学版)(4): 5-12.

蒋狄微，侯志通，2021. CIM 技术在未来社区实施方案评审中的应用 [J]. 智能建筑与智慧城市 (9): 35-37.

蒋俊杰，2014. 从传统到智慧：我国城市社区公共服务模式的困境与重

构 [J]. 浙江学刊 (4): 117–123.

蒋永甫, 2012. 网络化治理：一种资源依赖的视角 [J]. 学习论坛 (8): 51–56.

匡晓明, 2017. 上海城市更新面临的难点与对策 [J]. 科学发展 (3): 32–39.

劳动和社会保障部教材办公室, 2001. 社区建设基础知识 [M]. 北京：中国劳动社会保障出版社.

李璐颖, 2021. 基于城市信息模型 (CIM) 的新型智慧城市平台建设：以广州市为例 [J]. 智能城市 (3): 35–36.

李明超, 黄楚璇, 2019. 未来社区：立足当前, 面向未来的老旧小区改造 [J]. 杭州 (周刊) (32): 38–41.

李韬, 冯贺霞, 2022. 数字治理的多维视角、科学内涵与基本要素 [J]. 南京大学学报 (哲学·人文科学·社会科学)(1): 70–79, 157–158.

李韬, 尹帅航, 冯贺霞, 2024. 城市数字治理理论前沿与实践进展：基于国外几种典型案例的分析 [J]. 社会政策研究 (3): 24–37, 132.

李亚琪, 贺来, 2024. 数智时代全球数字治理的现代性困境与中国战略选择 [J]. 南京社会科学 (8): 20–28.

李友梅, 2017. 中国社会治理的新内涵与新作为 [J]. 社会学研究 (6): 27–34, 242.

李云新, 韩伊静, 2017. 国外智慧治理研究述评 [J]. 电子政务 (7): 57–66.

李祖佩, 2024. 功能悬浮：数字治理的基层境遇及其分析 [J]. 甘肃社会科学 (4): 102–109.

梁丽, 2014. 依托新一代信息技术推进基层政府治理能力现代化：以北京市智慧社区建设实践研究为例 [C] // 中国行政体制改革研究会 . 第五届中国行政改革论坛：创新政府治理，深化行政改革优秀论文集 . 北京：中共北京市委党校 (北京行政学院) 公共管理教研部：491–499.

刘春湘，肖敏，2023. 重构社会空间：党建引领社区治理共同体建构的实践路径：基于 C 市 F 社区更新的考察 [J]. 湖南大学学报 (社会科学版)(4): 112–121.

刘方玲，2006. 基层民主：从政治形态到生活方式 [J]. 燕山大学学报 (哲学社会科学版)(3): 11–14, 31.

刘建军，2019. 中国社会治理十大原理 [J]. 中国民政 (23): 41–45.

刘晶晶，施楚凡，2019. 未来社区在浙江的实践与启示 [J]. 现代管理科学 (11): 72–74.

刘景华，覃振东，2021. 基于 CIM 的瓜达尔智慧城市系统研究 [J]. 交通企业管理 (3): 71–73.

刘能，陆兵哲，2022. 契合与调适：数字化治理在乡村社会的实践逻辑：浙江德清数字乡村治理的个案研究 [J]. 中国农业大学学报 (社会科学版)(5): 25–41.

刘在军，李风英，沈旭，2021. 青岛泊里镇：CIM 技术支撑新型智慧城市治理与服务 [J]. 中国建设信息化 (11): 50–53.

刘振伟，温成龙，姜雪莉，2024. BIM+CIM 全生命期"智建慧管"技术在建筑工程施工中的应用研究 [J]. 住宅与房地产 (17): 59–61.

吕晓飞，付倩恺，卢映熹，2023. CIM 技术在智慧园区中的探索、应用与推广研究：以长沙电子商务产业园为例 [J]. 智能建筑与智慧城市 (10): 9–11.

马琦，徐家瑜，2023. 基于 CIM 技术的建筑工地管理应用研究 [J]. 中国

建设信息化 (15): 56–59.

马胜男，孙翊，田桂勇，等，2008. 国外电子政务与社区信息化标准化进展综述（上）[J]. 信息技术与标准化 (8): 15–18.

麦金尼斯，2000. 多中心体制与地方公共经济 [M]. 毛寿龙，李梅，译. 上海：上海三联书店.

美国德鲁克基金会，2006. 未来的社区 [M]. 方海萍，等，译. 北京：中国人民大学出版社.

孟天广，2021. 数字治理全方位赋能数字化转型 [J]. 政策瞭望 (3): 33–35.

孟志广，2021. 探究 CIM 技术在未来社区中的应用：以金华山嘴头未来社区为例 [J]. 上海城市管理 (1): 79–84.

彭勃，2020. 技术治理的限度及其转型：治理现代化的视角 [J]. 社会科学 (5): 3–12.

彭特兰，2015. 智慧社会：大数据与社会物理学 [M]. 汪小帆，汪容，译. 杭州：浙江人民出版社.

钱坤，2020. 社区治理中的智慧技术应用：理论建构与实践分析 [J]. 当代经济管理 (4): 64–70.

沈费伟，2021. 数字乡村的内生发展模式：实践逻辑、运作机理与优化策略 [J]. 电子政务 (10): 57–67.

沈费伟，2022. 未来社区的空间实践与调适治理：基于空间生产理论的研究 [J]. 河南社会科学 (7): 88–96.

沈费伟，叶温馨，2020. 基层政府数字治理的运作逻辑、现实困境与优化策略：基于"农事通""社区通""龙游通"数字治理平台的考察 [J]. 管理

学刊 (6): 26-35.

宋维尔, 2019. 未来社区的建筑场景设计 [J]. 浙江经济 (21): 22.

宋晓娟, 王庆华, 2020. 智慧社区：主体间新关系与治理新形态 [J]. 电子政务 (4): 121-128.

宋言奇, 田静, 2022. "草根"组织参与苏南地区农民集中居住社区治理的实践与思考 [J]. 江南论坛 (9): 65-68.

宋煜, 2015. 社区治理视角下的智慧社区的理论与实践研究 [J]. 电子政务 (6): 83-90.

苏云, 张庆来, 2020. 民族智慧社区信息系统协同治理模式研究：基于需求层次理论 [J]. 图书与情报 (3): 86-92.

孙立志, 付海龙, 2023. 城市信息模型 (CIM) 平台建设关键技术研究 [J]. 城市勘测 (6): 12-15.

田毅鹏, 2020. "未来社区"建设的几个理论问题 [J]. 社会科学研究 (2): 8-15.

汪欢欢, 姚南, 2020. 未来社区：社区建设的未来图景 [J]. 宏观经济管理 (1): 22-27.

汪深, 李兵, 夏炎, 2019. 城市信息模型 (CIM) 技术应用领域拓展与人造环境智慧化解析 [J]. 中国管理信息化 (22): 159-160.

王国平, 2013. 城市学总论 [M]. 北京：人民出版社.

王国平, 2017. 新编城市怎么办：全 2 册 [M]. 北京：人民出版社.

王国平, 2019. 人工智能让城市更美好 [J]. 中国物业管理 (6): 18-21.

王国平, 2020. 关于公园社区、未来社区的思考：以天元公园社区为例 [J]. 城市开发 (19): 56-57.

王国平，王宇熹，2022. 以城市基础设施社区化破解政府负债难题 [J]. 全球城市研究 (中英文) (3): 183-186.

王凯，岳国喆，2019. 智慧社区公共服务精准响应平台的理论逻辑、构建思路和运作机制 [J]. 电子政务 (6): 91-99.

王列生，2021. 论居缘作为未来社区生存的内在维系 [J]. 山东大学学报 (哲学社会科学版)(5): 29-38.

王名，2019. 共建共治共享格局下多元主体的权利边界及公共性之源 [J]. 国家治理 (28): 3-6.

王萍，刘诗梦，2017. 从智能管理迈向智慧治理：以杭州市西湖区三墩镇 "智慧社区" 为观察样本 [J]. 中共杭州市委党校学报 (1): 75-81.

王雪珍，2019. 新时代社区精准治理的行动逻辑与路径选择 [J]. 湖湘论坛 (4): 94-103.

邬大光，王建华，2002. 第三部门视野中的高等教育 [J]. 高等教育研究 (2): 6-12.

吴海燕，2006. 社会转型与城市社区多中心治理初探 [J]. 湖州职业技术学院学报 (1): 1-5.

吴军民，2024. 未来社区建设风险的生成机理及治理路径 [J]. 贵州师范大学学报 (社会科学版)(4): 55-64.

吴晓燕，2016. 精细化治理：从扶贫破局到治理模式的创新 [J]. 华中师范大学学报 (人文社会科学版)(6): 8-15.

吴志强，甘惟，2018. 转型时期的城市智能规划技术实践 [J]. 城市建筑 (3): 26-29.

武前波，郭豆豆，接栋正，2021. 新科技革命下未来社区产生的逻辑及

其内涵辨析 [J]. 现代城市研究 (10): 3-8, 14.

奚从清, 沈赓方, 2007. 社会学原理 [M]. 5 版. 杭州: 浙江大学出版社.

肖康, 施晨欢, 张彦鹏, 2024. CIM 数字底座轻量化关键技术研究 [J]. 土木建筑工程信息技术 (1): 22-26.

徐国冲, 2017. "组屋"的政治学密码: 来自新加坡住房政策的启示 [J]. 中国行政管理 (3): 145-150.

徐宏炜, 2014. 智慧社区建设背景下的基层社会治理研究 [D]. 上海: 上海交通大学.

徐顽强, 2022. 数字化转型嵌入社会治理的场景重塑与价值边界 [J]. 求索 (2): 124-132.

徐炜, 刘博维, 2024. 中国式现代化城市社区治理: 理论逻辑、模式转型与未来走向 [J]. 华东师范大学学报 (哲学社会科学版)(3): 114-124, 178.

许斌, 苏家兴, 张建帮, 等, 2019. CIM 管理平台在智慧园区的应用探索 [C]// 中国图学学会建筑信息模型 (BIM) 专业委员会. 第五届全国 BIM 学术会议论文集. 北京: 中国建筑工业出版社.

许镇, 吴莹莹, 郝新田, 等, 2020. CIM 研究综述 [J]. 土木建筑工程信息技术 (3): 1-7.

颜德如, 张树吉, 2023. 社区治理和服务"嵌套"创新的生成路径——基于优秀社区工作法的多案例分析 [J]. 行政论坛, 30(1): 126-134.

杨丹, 王侬, 2024. 党建引领城市社区治理研究综述 [J]. 社会科学动态 (7): 56-65.

杨慧, 2024. 社会资本构建与社区公共品供给: 易地搬迁安置社区治理中的社会组织行动逻辑 [J]. 南京社会科学 (4): 59-68.

叶朱志, 刘路慧, 2023. 以 CIM 技术应用全面赋能智慧物业建设 [J]. 中国建设信息化 (17): 40-41.

易芳馨, 张强, 李瑶, 等, 2023. 基于数字驱动的低碳社区治理体系与治理能力提升路径 [J]. 城市发展研究 (6): 133-140.

余敏江, 方熠威, 2023. 情感动员与韧性提升：不确定性风险下城市社区治理的行动逻辑：基于上海市 L 社区的考察与分析 [J]. 探索 (4): 115-126.

郁建兴, 吴结兵, 2019. 走向科学化、精细化、智能化的未来社区治理体系 [J]. 浙江经济 (7): 21-23.

郁建兴, 吴结兵, 2021. 数字化改革赋能未来社区治理 [J]. 浙江经济 (6): 17-19.

张瑾, 何玲巧, 2019. 人与未来社区的融合 [J]. 浙江经济 (22): 56-57.

张威, 刘佳燕, 王才强, 2019. 新加坡社区服务设施体系规划的演进历程、特征及启示 [J]. 规划师 (3): 18-25.

张雪, 朱元石, 王春伟, 等, 2024. 数字化转型背景下的 BIM/CIM 技术发展模式 [J]. 智能建筑与智慧城市 (5): 66-68.

赵晨, 张翔, 2024. 超越条块：数字平台何以推动社会治理协同：基于开封市"一中心四平台"实践路径的观察 [J]. 党政研究 (3): 102-112, 127.

赵国超, 虞晓芬, 张娟锋, 2019. 基于 Meme 理论的未来社区"绿色基因"研究 [J]. 建筑与文化 (11): 43-44.

郑姗姗, 2024. 治理数字化转型的实践进程与风险纾解 [J]. 中国应急管理科学 (7): 28-35.

中国电信智慧城市研究组, 2011. 智慧城市之路：科学治理与城市个性 [M]. 北京：电子工业出版社.

钟伟军, 2019. 公民即用户: 政府数字化转型的逻辑、路径与反思 [J]. 中国行政管理 (10): 51–55.

周红云, 2021. 社区治理共同体: 互联网支撑下建设机理与治理模式创新 [J]. 西南民族大学学报 (人文社会科学版)(9): 199–205.

周强, 唐伟, 孙浩, 等, 2024. 基于 CIM 的智慧园区技术探索与落地实践 [J]. 土木建筑工程信息技术 (1): 56–60.

周鑫, 傅嘉炜, 高荣杰, 等, 2023. CIM 技术在城市地下空间建设管理中的应用 [J]. 测绘通报 (S1): 80–83, 97.

朱懿, 2021. 城市社区智慧治理的整合机制研究 [J]. 企业经济 (3): 80–87.

卓么措, 2019. 政府职能视角下的未来社区: 未来社区的内涵、意义及建设对策 [J]. 浙江经济 (4): 26–28.

邹静, 沈费伟, 汤蓬涛, 等, 2023. 城市未来社区的场景建设、居民融入与数字治理 [J]. 电子政务 (7): 87–99.

邹永华, 陈紫微, 2021. 未来社区建设的理论探索 [J]. 治理研究 (3): 95–103.

第二部分 西文文献

Badhrudeen M, Naranjo N, Movahedi A, et al., 2020. Machine learning based tool for identifying errors in CAD to GIS converted data[M]// Ha-Minh C, Dao D, Benboudjema F, et al. CIGOS 2019, Innovation for Sustainable

Infrastructure. Springer: Singapore: 1185-1190.

Batty M, Axhausen K W, Giannotti F, et al. , 2012. Smart cities of the future[J]. European Physical Journal, 214(1): 481-518.

Dameri R P, 2014. Comparing smart and digital city: Initiatives and strategies in Amsterdam and Genoa: Are they digital and/or smart?[M]// Dameri R P, Rosenthal-Sabroux C. Smart City: How to Create Public and Economic Value with High Technology in Urban Space. Heidelberg: Springer: 45-88.

Dameri R P, Benevolo C, 2016. Governing smart cities: An empirical analysis[J]. Social Science Computer Review, 34(6): 693-707.

Dunleavy P, et al. , 2006. Digital Era Governance: IT Corporations, the State, and e-Government[M]. Oxford: Oxford University Press.

Hufty M, 2011. Investigating policy processes: The governance analytical framework(GAF)[M]//Wiesmann U, Hurni H. Research for Sustainable Development: Foundations, Experiences, and Perspectives, Bern: Geographica Bernensia: 403-424.

Jamal A C, Gordon R, 2024. Grappling with governance: Emerging approaches to build community economies[J]. Journal of Rural Studies, 107, 103242.

Kaufmann D, Kraay A, Mastruzzi M, 2011. The worldwide governance indicators: Methodology and analytical issues[J]. Hague Journal on the Rule of Law,3(2): 220-246.

Kitchin R, 2014. The real-time city? Big data and smart urbanism[J].

GeoJournal, 79(1): 1-14.

Kloeckl K, Senn O, Ratti C, 2012. Enabling the real-time city: LIVE Singapore![J]. Journal of Urban Technology, 19(2): 89-112.

Komninos N, Schaffers H, Pallot M, 2011. Developing a policy road map for smart cities and the future internet[C]//Cunningham P, Cunningham M. eChallenges e-2011 Conference Proceedings. Dublin: International Information Management Corporation.

Kourtit K, Nijkamp P, Steenbruggen J, 2017. The significance of digital data systems for smart city policy[J]. Socio-Economic Planning Sciences, 58(C): 13-21.

Lee S H, Park J, Park S I, 2016. City information model-based damage estimation in inundation condition[C]// Yabuki N, Makanae K. Proceedings of the International Conference on Computing in Civil and Building Engineering(ICCCBE 2016). Osaka: Springer.

Letaifa S B, 2015. How to strategize smart cities: Revealing the SMART model[J]. Journal of Business Research, 68(7): 1414-1419.

Nouvel R, Brassel KH, Bruse M, et al., 2015. SIMSTADT, a new workflow-driven urban energy simulation platform for CityGML city models[C]// Scartezzini J L. Proceedings of International Conference CISBAT 2015. Lausanne: The EPFL Solar Energy and Building Physics Laboratory.

Paskaleva K, 2011. Smart cities: A nexus for open innovation?[J]. Smart Cities, 3(3): 153-171.

Rosenau J N, Czempiel E O, 1992. Governance without Government:

Order and Change in World Politics[M]. Cambridge: Cambridge University Press.

Ungureanu T, 2019. The potential of City Information Modeling (CIM) in understanding and learning from the impact of urban regulations on residential areas in Romania[C]//Conference proceedings of eLearning and Software for Education (eLSE). Bucharest: Carol I National Defence University Publishing House: 422-428.

Webster C J, 1993. GIS and the scientific inputs to urban planning. Part 1: description[J]. Environment and Planning B: Planning and Design, 20(6) : 709-728.

Xu X, Ding L, Luo H, et al. , 2014. From building information modeling to city information modeling[J]. Journal of Information Technology in Construction, 19: 292-307.

Yigitcanlar T, Velibeyoglu K, Martinez-Fernandez C, 2008. Risng knowledge cities: The role of urban knowledge precincts[J]. Journal of Knowledge Management, 12(5): 8-20.

附录　翡翠社区生活服务需求调研问卷

一、基本情况

1. 您的现居住地为？

   A. 翡翠社区西南区　　　B. 翡翠社区西北区

   C. 翡翠社区东南区　　　D. 翡翠社区东北区

2. 您的年龄为？

   A. 18 岁以下　　　B. 18—30 岁　　　C. 31—45 岁

   D. 46—59 岁　　　E. 60 岁及以上

3. 您的性别为？

   A. 男　　　B. 女

4. 您属于哪类居民？

   A. 外来购房入住 3 年以内的居民

   B. 外来购房入住超过 3 年的居民

   C. 短租户（半年内）　　D. 长租户（半年以上）

5. 您的原户籍为？

   A. 杭州　　　B. 浙江省内（非杭州）　　　C. 浙江省外

6. 您是否愿意加入社群达人库，通过自己的特长发挥达人引领、示范、带头作用？

A. 愿意　　　　　　　　B. 不愿意

7. 您的家庭结构是？

A. 独自居住　　　　　　B. 夫妇二人　　　　　　C. 家有孩子

D. 家有老人　　　　　　E. 家有老人和孩子

（1）您家老人的年龄为？

A.50 周岁以下　　　　　B.50—60 周岁　　　　　C.61—70 周岁

D.70 周岁以上

（2）您家孩子的年龄为？

A. 小于 1 周岁　　　　　B.1—3 周岁　　　　　　C.4—12 周岁

D.13—18 周岁　　　　　E.18 周岁以上

8. 您从事的行业是？

A.IT 互联网　　　　　　B. 金融　　　　　　　　C. 房地产 / 建筑

D. 贸易 / 零售 / 物流　　E. 教育 / 传媒 / 广告　　F. 服务业

G. 市场 / 销售　　　　　H. 医疗行业　　　　　　I. 制造业

J. 农业　　　　　　　　K. 其他

9. 您的职业是？

A. 公职人员　　　　　　B. 医护人员　　　　　　C. 教师 / 科研人员

D. 军人　　　　　　　　E. 文体从业人员　　　　F. 学生

G. 全职家长　　　　　　H. 企业管理层　　　　　I. 企业职工

J. 创业者　　　　　　　K. 个体工商户 / 自由职业者　L. 退休人员

M. 失业、待岗人员　　　N. 其他

二、现状感知

10. 您认为当前社区生活存在的主要问题是？

　　A. 未入住，不了解情况

　　B. 各项服务场所过于分散，服务空间不够、环境不佳

　　C. 社区服务中心步行距离太远

　　D. 服务配套设施不足

　　E. 提供服务与居民需求不匹配

　　F. 社区服务智能化水平有待提升

　　G. 服务、活动开放时间不合理

　　H. 活动宣传、传播渠道不畅

　　I. 活动策划、组织水平不佳

　　J. 工作人员数量不足、服务意识不强

　　K. 其他

三、服务与场地需求

11. 您最希望哪类服务在社区中予以落实？（最多选6项）

　　A. 政务服务（如证明开具、街道调解等）

　　B. 市政交通（电动车充电、快递寄存）

　　C. 运动健身（如健身房、篮球场等）

　　D. 医养健康（如基础体检、健康保健咨询等）

　　E. 便民服务（如器具借用、家电维修等）

　　F. 邻里交往（如邻里礼堂、会客厅、议事厅等）

G. 文化娱乐（如图书阅览、儿童课堂等）

H. 儿童照料（儿童游乐、托幼、"四点半课堂"）

I. 社区商业（如农贸市场、超市、食堂等）

J. 创业创新（如路演、临时办公室等）

K. 其他

12. 您预计使用每类服务的频次？

服务	1天多次	1周多次	1月多次	几乎不
政务服务（如证明开具、街道调解等）				
市政交通（电动车充电、快递寄存等）				
文化娱乐（如图书阅览室、老年课堂、棋牌室等）				
运动健身（如健身房、篮球场等）				
儿童照料（儿童游乐、托幼、"四点半课堂"）				
医养健康（如基础体检、健康保健咨询等）				
社区商业（如农贸市场、超市、食堂等）				
便民服务（如器具借用、家电维修等）				
邻里交往（如邻里礼堂、会客厅、议事厅等）				
创业创新（如路演、临时办公室等）				

13. 对于政务服务，选择您认为最应配置的具体服务（最多3项）

A. 咨询受理　　B. 证明开具　　C. 投诉建议　　D. 街道调解

E. 社区议事　　F. 就业指导　　G. 房屋租赁管理　　H. 住户登记

I. 一站式社区自助缴费　　J. 其他

14. 对于文化娱乐，选择您认为最应配置的具体服务（最多3项）

A. 自习室、图书阅览室　　B. 影音室　　　　　　C. 老年课堂

D. 成人职业培训　　　　　E. 文化艺术培训　　　F. 兴趣活动室

G. 棋牌台球室　　　　　　H. 桌游玩乐室　　　　I. 迷你唱吧

J. 其他

15. 对于运动健身，选择您认为最应配置的具体服务（最多3项）

A. 健身房　　　　　　　　B. 篮球场地　　　　　C. 羽毛球场地

D. 舞蹈室　　　　　　　　E. 乒乓球场　　　　　F. 户外绿道

G. 游泳馆　　　　　　　　H. 其他

16. 对于儿童照料，选择您认为最应配置的具体服务（最多3项）

A. "四点半课堂"（儿童课堂）　　　　　B. 0—3岁幼儿托管

C. "四点半志愿团"（家长互助接送）　　D. 儿童游乐

E. 儿童阅读　　　　　F. 婴幼儿养育辅导　　　G. 其他

17. 对于医养健康，选择您认为最应配置的具体服务（最多3项）

A. 医疗保健（按摩椅等健康设备）　　　B. 健康保健咨询

C. 心理健康咨询　　　D. 远程医疗　　　　　　E. 体检中心

F. 日托养老服务　　　G. 居家养老服务　　　　H. 康复娱乐

18. 对于便民服务，选择您认为最应配置的具体服务（最多3项）

A. 器具借用　　　　　B. 家政信息　　　　　　C. 可再生资源回收

D. 公益理发　　　　　E. 家电维修　　　　　　F. 文印服务

G. 物品寄存　　　　　H. 旧物流转　　　　　　I. 宠物托管

J. 其他

19. 对于市政交通，选择您认为最应配置的具体服务（最多3项）

A. 电动车集中充电　　　B. 快递存寄　　　　C. 生鲜物流柜

D. 社区接驳车　　　　　E. 临时停车　　　　F. 其他

20. 对于邻里交往，选择您认为最应配置的具体服务（最多3项）

A. 社区家园　　　　　　B. 社区文化展厅

C. 志愿服务中心　　　　D. 户外交往空间

21. 对于创业创新，选择您认为最应配置的具体服务（最多3项）

A. 项目路演厅　　　　　B. 就业/政策指导服务　C. 讲座报告厅

D. 创业咨询服务　　　　E. 共享办公　　　　　F. 会议室

G. 项目创新指导　　　　H. 其他

22. 对于户外空间利用，您比较赞成的是？（最多3项）

A. 增设休息座椅、交流空间

B. 增设信息通知栏

C. 加强外围绿化、改善地面铺装

D. 景观小品加强未来社区统一标识

E. 完善灯光照明

F. 优化卫生环境

G. 其他

四、活动和运营管理要求

23. 您希望从哪些渠道获得社区各项信息？（最多3项）（多选题）

A. 社区 App　　　　　　B. 社区数字化平台　　C. 社区宣传栏

D. 居民互相告知　　　　E. 电梯间宣传栏　　　F. 社区网络公众号

G. 短信/电话通知　　　　H. 社区微信群　　　　I. 其他

24. 您希望从社区 App/自助服务机中获取哪些政务服务？（多选题）

A. 工商税务（信用信息查询、办税指南等）

B. 市民卡（申领、充值、挂失等）

C. 交通出行（扣分查询、违法处理等）

D. 社会保障（社保证明、养老保险信息等）

E. 户籍护照（变更业务、家庭信息等）

F. 住房保障（公积金贷款证明、档案查询等）

G. 生活服务（生活缴费、信息变更等）

H. 医疗教育（教育缴费、职称证书等）

I. 创业创新（活动报名、补贴申请等）

J. 其他

25. 您对哪类社群感兴趣？（最多3项）（多选题）

A. 运动（篮球、网球、登山、太极拳等）

B. 舞蹈（广场舞、民族舞等）

C. 手艺（园艺、花艺等）

D. 琴棋书画声乐

E. 专业知识（企业管理、金融与投资等）

F. 其他

26. 您对哪类社区活动感兴趣？（最多3项）（多选题）

A. 文体娱乐、兴趣培训类

B. 亲子娱乐类、亲子课堂类活动

C. 市集、社区团购类活动

D. 养老保健、康体护理类活动

E. 线上虚拟邻里活动

F. 创业交流

G. 其他

27. 您对哪类培训课程感兴趣？（最多3项）（多选题）

A. 创业技能

B. 亲子教育

C. 医养知识（疾病预防、养生、护理等）

D. 课外辅导

E. 语言培训

F. 文艺体育（插花、茶艺等）

G. 其他

28. 您希望所在社区活动举办的频次？

A. 每周一次	B. 两周一次	C. 一个月一次
D. 两个月一次	E. 一季度一次	F. 半年及以上一次

29. 您希望社区活动举办在什么时候？

A. 工作日	B. 周末	C. 节假日

30. 您平常使用哪些短视频了解信息？（多选题）

A. 抖音	B. 快手	C. 微信视频号
D. 西瓜视频	E. 火山视频	F. 其他

31. 请您提出其他有助于提升社区品质的宝贵建议。（简答题）

_____

_____